わかりやすい 後悔しない家づくり

厨子浩二

エル書房

はじめに

「家はいまが絶対に一番の買い時ですよ」
「いまなら頭金なしで、月々の家賃と同額でマイホームを持てますよ」

いま、住宅業界の営業マンたちは口をそろえて、こんなことを言っています。
しかし、実際に家づくりを考えている方々にとっては、こうした甘い話はにわかに信じがたいのではないでしょうか？　むしろ、「一体どこまで信じていいのか……」と迷われている方のほうが多いのではないかと思います。この本を手にとられている方もそうではないでしょうか？

それというのも、いまは家づくりをするにはお得な話が目白押しです。それはたしかに住宅業界の営業マンたちが言うとおりなのです。

不況のため、住宅ローンはいまだに低金利ですし、土地の価格もまだ多少は下落傾向にあるように思います。また、過去最高の600万円の住宅ローン減税や住宅エコポイントなど、国も家づくりをするのに魅惑的な政策を用意してくれています。

しかし、いっぽうで百年に一度の不況が進行中で、なかなか景気が上向きません。さらに近い将来、膨大にふくれあがった借金や社会保障のために消費税が上がる方向に向かっています。追い打ちをかけるように大震災が起こりました。

厳しい現実の中で、家づくりにはお得な話があふれている矛盾……。家づくりを考えていらっしゃる方が、

「家づくりをするには、本当にいまが一番お得なのだろうか?」

「住宅ローンを組んでもちゃんと返していけるのだろうか?」

そんなふうに迷われるのも無理はないように思います。

実際、私の工務店に初めてこられたお客さまの多くはそういう悩みを抱えておられます。

そして世の中を見渡すと、悲しいことですが、住宅ローンが払えなくなり、せっかく手に入れたマイホームを手放すことになった人が決して少なくないというのが現実です。

そこで、いま家づくりを考え、だからこそお金のことも現実的な問題として心配されている方に向け、私はこの本を書いています。そういう方々が家づくりで失敗しないよう、この本ではなるべくわかりやすく、家づくりに関するお金の話をしていきたいと思います。

ただ、お金の話とはいっても、堅苦しく考えていただく必要はありません。

「家づくりを楽しみ、人生も楽しむ」

家づくりとは、そうあるべきだと私は思っています。

そもそも、家づくりで失敗しないためにも、この考え方は大切なことなのです。家をつくった後にどういう人生を送りたいか、ライフプランをしっかり考えておかないことには、家づくりに関するお金の問題にも適切な答えを出すことができないからです。

たとえば、家づくりの最大の心配事でもある住宅ローン。

「住宅ローンは、どのくらいまで借りていいか？」

「どのくらいなら返していけるか？」

家づくりをされる方の誰もが悩むことですが、その答えは単純に年収だけで決められるものではありません。

住宅ローンを組むにあたっては、

「家を建てた後でどんな人生を送りたいか。そのためにはいつ、どのくらいのお金が必要か」

ということまで踏まえて考える必要があります。

たとえば、家を建てたら子どももつくらない、わが家を慈《いつく》しみながら一生静かに人生を送るのだというのであれば、家づくりにすべてをかけてしまってもいいでしょう。家のローンを返すために一生懸命働く。それでも、こういう考えの方にとっては満足がいく人生だと思います。

でも、ほとんどの人にとって人生の大事なことは家そのものではなく、そこに暮らす家族の幸せだと思うのです。つまり、建てた家でどのように生活し、どのように家族で楽しく暮らすかということが大事なはずです。

ご夫婦にもそれぞれ楽しみや、趣味があるでしょう。生活に車が欠かせないのであれば、やがて買い換えの時期も来ます。また、子どもが生まれればやがて成長し、教育費もかかれば、さまざまな費用がかかります。家族で旅行することもあるでしょう。スポーツをやったり、趣味に熱中したりもするでしょう。

残念ながら、それらにはお金がかかります。お金が人生のすべてを左右すると言いたいわけではないのですが、それでも必要に迫られることが出てきます。ところが、家にお金をかけすぎたために、いざというときの蓄えがない……これでは本末転倒ですよね？

住宅ローンで破綻する人は、こうしたライフプランからの検討を怠り、年収だけをもとにローンを組んでしまっている場合が多いのです。

また、破綻まではしなくても、家を建てた後に住宅ローンを返すためだけの人生になったのでは、決して幸せとは言えません。ローンを払いながらでも何年かに一度は家族で旅行に行け、車の買い換えもでき、お子さんの結婚の際は資金援助もしてあげられて……と、住宅ローンはそのように家以外の人生のことまで考えて組むものだと私は思っています。

こんな話をすると今度は、限られた予算で、本当にいい家が建つのだろうか……と不安に思われる方もいらっしゃるかもしれません。

「いい家」がどんな家かは家族によって異なります。でも、少なくとも断言できるのは、家族を不幸にしないのがいい家です。

では、家族を幸せにする家とは、どんな家でしょう？　その答えは一概に言えるものではなく、ご家族によって基準は変わります。家族のあり方がそれぞれ違うように、家族の幸せのあり方も違うからです。

雑誌やテレビで紹介される素敵な家であっても、その家で誰もが幸せになれるわけではありません。たとえば、素敵な古民家風の家であっても、イスやテーブルでの洋風の暮らしを望んでいるのなら、おそらくは落ち着かない生活になってしまいますよね。モデルハウスなどでよく見かける天井の高い広いリビングや吹き抜けはとても魅力的ですが、暖かい家を希望する方には「なんだか寒い気がする」とおっしゃる方もいるのです。

同じ〝家を買う〟ということでも、家を建てることはマンションや建売住宅を買うのとはまったく違います。なぜなら、家族の希望に添って自由に注文できるからです。希望やこだわりを生かし、予算内で施主さんご家族の価値観を最大限に実現することができるのです。こんな楽しいことは、なかなかありません。なんだか、ワクワクしてきませんか？　でも、多くのご家族が家づくりを楽しむことができていないのです。これはもったいない！

私は、滋賀県の草津東高校という学校を卒業すると同時にこの業界に入りました。若いころには5年半ほど、住宅業界を離れて違う業界で働いたこともあるのですが、その時期も家づくりこそ自分が本当にやりたいことだと再認識できたという意味で貴重な期間でした。そして47歳になる現在まで、多くの方の家づくりに関わってきました。

そうした中、いつも思っているのが、

「ご縁があって知り合ったお客さまが、どこで家を建てられるにせよ、家族で一生幸せに暮らしてほしい」

ということです。

この本を手にとってくださった方とも、一つのご縁があったものだと思っています。私が皆さんにお伝えしたいことは、もしかしたら、皆さんにとってひじょうに厳しい内容かもしれません。もしかしたら、家づくりをあきらめたほうがいいかもしれない、そんな結論に導くものかもしれません。

もちろん、私は皆さんに家族が幸せになる家をつくってもらいたい。でも、もしかしたら、家を建てないほうが家族が幸せになることだってあるんです。家づくりはゴールではありませんし、家づくりが人生の目的でもありません。まず考えるべきは家族の幸せ。

その上で、「やっぱり家族のために家を建てよう！」と決心されたのであれば、まずは正しい情報を確実に判断・理解して間違いのない家づくりをめざしましょう。

そのために知っておきたい情報を本書には書きました。

さあ、家づくりを楽しんでください。そして、家族で一生幸せに暮らせる家づくりをしてください。

厨子浩二

もくじ

第4章　予算内で本当に価値のある家をつくるために……151

第1章

失敗しないための鉄則
家づくりはライフプランから

家の「買い時」は家族によって違います

◎いま、家を建てても大丈夫？

「いまは本当に家の買い時なのでしょうか？」

家づくりの相談にこられる皆さんから最近、そんな質問をされる機会が増えています。それも当然のことだと思います。「はじめに」で書いたように、

・いまは家を買うには良い時期だと思える話
・いまは家を買ったら危ない時期だと思える話

の両方がいま、世間に溢れているからです。

まず、いまは家を買うには良い時期だと思える話としては、住宅ローンの金利が低いことや、いまなら最大600万円の住宅ローン減税が受けられることなどが挙げられます。

いっぽう、いまは家を買ったら危ない時期だと思える話というのは、住宅ローンによって家計が破綻してしまうご家族が増えていることです。

こうした一見矛盾する話が一度に聞こえてくれば、家づくりを考えられている方が、

「いまは家の買い時なのか、それとも家づくりはやめたほうがいい時期なのか……」

そんなふうに迷われるのも無理はないことだと思います。

では、いまは家の買い時なのか、そうではないのか、どちらが正しいのでしょうか？

答えは、

「一概に言えない」

です。なぜなら、家の買い時というのは、家族によって違うものからです。

たとえば、「いまは金利が安いから買い時だ」という意見があります。

住宅ローンの金利が安いのは、当然いいことです。仮に3000万円を借り入れ、それを35年かけて固定金利で返済するケースでは、金利が1％違うだけでも、返済額はかなり違います。3％と4％で比較すると、じつに返済額は730万円の差になってしまいます。

そして、いまの住宅ローンの低金利がこの先いつまでも続くことはありません。理由は単純で、いまの金利は異常に低いからです。ですから、住宅ローンの返済額だけを考慮すれば、いまはたしかに家の買い時だと言えるでしょう。

ただ、だからといって、住宅ローンの金利が安い時期が、どんなご家族にとっても家の買い時だとは言えないのです。

たとえば、自己資金を用意できないほど貯金の少ないご家族が、いくら金利が安いからといって「いまが家の買い時」とばかりに住宅ローンを組み、家を買って大丈夫でしょうか？

そういう方はもう少し貯金が貯まるまで家づくりを待つことを検討したほうがいいかもしれません。なぜなら、いま、想像以上に多くの方が住宅ローンの返済に窮しているからです。

こうしてみると、家を買うのにいまはいい時期のようなのに、逆に家を建てて不幸になってしまう方が増えている理由がお察しいただけたかと思います。

要するにいまは、金利の低さなどに惑わされ、本来は家を買う時期にない方が家を買ってしまうケースや、身の丈以上の高い家を買う人が増えている、ということです。住宅ローンによって家計が破綻し、家を手放すことになってしまっているのは、そういう人たちです。

それさえわかれば、逆に住宅ローン破綻する人が増えているからといって、家を買うにはいまは危ない時期だと、必要以上におびえなくても済むのです。

いっぽう、

「いまは不況だし、この先何があるかわからない。家づくりは景気がよくなるまで待とう」

そういう堅実な考え方をされる方は、金利の安さなどに惑わされ、無理な住宅ローンを組んでしまうことはないでしょう。

しかし、景気がよくなれば、金利は当然上がります。いまでも充分な自己資金を用意できる方で、将来的に家を建てることが確実であれば、いま家づくりをしたほうが有利かもしれません。

不況の現在、住宅ローンを組むのが心配になる方の気持ちはわかります。しかし、景気がいい時期だからといって、必ずしも安心・安全な家づくりができるわけではありません。そのことは、バブルの時期に高い家を建てた方々がバブル崩壊後、住宅ローンの返済に苦しんだり、家の価値が下がって後悔していることからもおわかりいただけるかと思います。

いずれにせよ、家の買い時は社会の状況だけで決まるわけではありません。いまが家の買い時かどうかは、自分たち家族の事情によって違ってくるのです。

◎家が必要な時期も家族によって違います

家の買い時を検討する上で考慮しなければいけない家族の事情とは、何も経済的事情だけではありません。家が必要な時期も、家族によって違うからです。

たとえば、子育て世代のご夫婦はどうか考えてみましょう。

「マイホームで、子どもをのびのび育てたい」

そう考えている子育て世代のご夫婦にとって、家が必要になる時期というのはいつでしょうか？　やはり、お子さんが小学校に上がるころか、その前後の時期ではないかと思います。お子さんが高校に上がるころに家を建てても、せっかくのマイホームでお子さんと過ごせる時間は「高校卒業までの3年間」に過ぎないかもしれません。

では、三世代で同居する家づくりを検討さている方々はどうでしょうか？

おじいちゃん、おばあちゃんとなった親夫婦と、その息子さん、娘さんの夫婦、お孫さんが少しでも長く一つの家で一緒に暮らせる時間が欲しいのではないかと思います。このケースでは、家づくりをする時期をできるだけ早めたいところでしょう。

こうして考えてみると、家が必要な時期が家族によって違うという意味がおわかりいただけたのではないかと思います。家を建てる理由は、ご家族によってさまざまです。しかし、つきつめれば、家族が幸せになるために家は建てるものであるはずです。つまり、家族にとって家が必要な時期に「無理のない資金計画」で家づくりができたら、それが家づくりのタイミングとしては一番理想的なのです。

◎住宅会社の営業マンの口車に乗らない

そしてもっとも重要なこと。それは、家づくりのタイミングは自分で決めるということ。くれぐれも注意していただきたいのですが、一生に一度の家づくりを決して焦って決断してはいけません。

「いまは間違いなく家の買い時です！」
「家を買うのに、いまを逃すと損ですよ！」

などと住宅会社の営業マンに急かされるまま、契約書にハンコを押してしまうのは絶対にタブーです。

また、子育て世代のご夫婦はお子さんの就学時期に合わせて家づくりをされることも多いものです。

「なんとか3月までに引っ越したい」

という親御さんが多いのです。その気持ちには共感しますが、「後で転校させるのはかわいそうだから、子どもの小学校入学の時期に合わせ、何が何でも3月に入居できるスケジュールで家を建てなければいけない」などと焦って家づくりの話を進めるのもやめてください。

たとえ家の完成が5月や6月になっても、お子さんが小学校に入学してからしばらくは奥様が車で学校まで送り迎えしてあげれば、お子さんを転校させなくて済みます。お子さんの小学校入学のタイミングを気にするなら、逆に12月くらいまでに家を完成させて暮らしはじめ、地域の生活に馴染んでから小学校の入学を迎えるようにするという考え方もあります。

いずれにせよ、1ヶ月や2ヶ月、場合によっては半年から1年程度のタイミングのズレを気にして、一生に一度の家づくりを焦って決断するのはナンセンスです。家を建てれば、そのあとの長い人生、その家でずっと暮らし続けることになるのです。

「家を建てる時期をいつにするか」「そもそも本当に自分たち家族に家が必要なのか」ということはいくら考えても考えすぎるということはありません。あくまで目安ですが、家づくりを決断するまでには最低でも半年くらい、家族のさまざまな事情をもとに検討を重ねてほしいと思います。

本書を読まれている方々はおそらくほとんどが、いま家が必要な時期か、そういうタイミングが近い将来に迫っている方でしょう。だからこそ、このような本を読まれて、家づくりの資金計画の参考にしようとしているのでしょう。

では、あなたのご家族はいま、無理のない家づくりの資金計画を立てることはできるでしょうか？　それをこれから一緒に検討してみましょう。

家づくりの最大の心配事は資金

◎家づくり資金はどうやって決めたらいいの？

家づくりの資金計画といっても、自己資金だけで家を建てられる方はそんなにいるものではありません。ほとんどの方が、家づくりをされる際には住宅ローンを組むことになります。

しかし、住宅ローン一つとっても、一般の方にはわかりにくいところが多いものです。実際、私のところに家づくりの相談に来られる方も、住宅ローンについてはいろいろなことを心配されています。


「住宅ローンの審査に通るでしょうか？」

「住宅ローンはいくらくらい借りられるでしょうか？」

「住宅ローンはどこで借りるのが得なのでしょうか？」

「どんな住宅ローンが有利なのでしょうか？」

……などなど、家づくりをされるほとんどの方にとって、住宅ローンを組むのは初めてのことですから、いろいろなことを心配されるのも無理はないと思います。

何事もそうだと思いますが、考えることがいっぱいあるときには、一つひとつ問題を整理しながら考えることが大切です。住宅ローンについても同じです。考えなければならないことはいろいろあっても、住宅ローンにもまず何より大前提として踏まえておかねばならないことがあります。

それはたとえば、「銀行の借入限度額」と「本当の借入限度額」は違う、ということです。

まず、銀行の借入限度額ですが、これは年収や建物・土地の担保価値、勤続状況、そのほかの借入状況など、さまざまな基準によって決まります。なかでも、もっとも大きなウエイトを占めるのは一般的に年収です。そのため、住宅会社のなかには、

「お客さんの年収なら、3000万円までのローンが組めますね。頭金が300万円用

意できるなら、３３００万円の家が建ちますね」

という資金計画のアドバイスをするところもあるようです。

こうしたアドバイスも、「銀行がいくらまで貸してくれるか」「最大いくらまで住宅ローンを組めるか」という答えとしては、間違っているとは言えません。

しかし、たとえば同じ年収５００万円のご家族でも、趣味やライフスタイル、お子さんの人数などは違うものです。銀行は住宅ローンの借入限度額について、年収をはじめとするさまざまな基準を設けているといっても、このような家族ごとに違う事情まで考慮しているわけではないのです。

それなのに、銀行が貸してくれるだけ、目一杯住宅ローンを借りても大丈夫だと言えるでしょうか？　それが危ないことだということは、もうおわかりいただけたのではないかと思います。

銀行が定めている住宅ローンの借入限度額は、あくまで「銀行にとって、回収可能な額」

に過ぎません。そして銀行は、貸したお客さんからの返済だけが住宅ローンの回収手段だと考えているわけではありません。

お客さんが住宅ローンを払えなくなったとしても、銀行は債権回収会社に債権を売ればいいだけなので、取りっぱぐれはありません。いっぽう、銀行に住宅ローンを払えなくなった人は、債権回収会社に返済を迫られます。それでもローンを払い切れなければ、それこそマイホームを手放す羽目になってしまいます。

そんなことにならないためにも、住宅ローンの借入限度額を検討する際には、くれぐれも「銀行の借入限度額」と「本当の借入限度額」は違うということを忘れないでいただきたいと思います。

では、住宅ローンの「本当の借入限度額」はどのように決めればいいのでしょうか?

そのことを検討する上で必要なことは、現状把握と将来予測の二つです。

現状把握とは、現在の家計状況をきちんと把握することです。将来予測とは、少なくとも住宅ローンを払い続ける期間内の、大まかな家族状況を把握することです。つまり、子どもの誕生、就学、車の買い換えなど、将来的な出費をあらかじめ織り込んでおくということです。

◎まずは家計のチェックから

ここでは現状把握から始めましょう。まずは事前に行っていただかなければいけないことがあります。それは、「家計のチェック」です。

無理のない資金計画を立てようと思えば、年収などだけを基準に住宅ローンを組むのは危険です。毎月の手取りがいくらで、生活費に毎月いくらかかっているかを計算しなければ、現実的に毎月いくらくらいの住宅ローンを払っていけるかはわからないからです。

そこでまずは家計を見直し、節約できるようなところがあれば節約することも検討していくことが大切です。

節約については、家のために何でもかんでも我慢するような節約を考えるということではありません。それは、家づくりがあなたの人生のゴールではないからです。たとえば、毎月

1回家族で外食をするようなことを楽しみにされているご夫婦なら、そのライフスタイルを維持したまま家づくり資金を考えるということです。

ただ、家計を見直して、明らかに無駄と思える出費や、いったい何に使ったのか思い出せない出費（使途不明金）が目につくようなら、節約を考えましょう。


また、家づくりをする際に多くの方に実行していただきたいのが生命保険の見直しです。生命保険に入っていない方は少ないと思いますが、意外と保険の内容についてはよく知らないまま、「つきあい」や「いくらくらいなら保険料を払えるか」という程度の考えで保険に加入している方は少なくないものです。

生命保険を考える上で大切なのは、何か不測の事態があったとき、「いくら保険金が支払われるか」ということです。重複して加入していることで手厚い補償が得られることは確かですが、しかし、これは、必要以上に保険金を支払っているということでもあります。

住宅ローンを組む際には、ほとんどの方が団体信用生命保険（団信）に加入します。この保険は、ローン利用者をまとめて金融機関が申請するもので、掛け金も安く、多くの金融機関では団信への加入が住宅ローンの条件にもなっています。

団信は、ご主人が亡くなったり高度の障害を抱えて住宅ローンが支払えなくなった際に、住宅ローンの残金を保険で清算するものです。つまり、住宅ローンに関してはいざというときに団信で支払われますから、その他の生命保険については、高額なものでなくてもいいかもしれません。

また、加入している保険に余分な補償がついていないかなども整理してみると、案外大きな節約になります。生命保険文化センターの資料によると、一世帯あたりの平均保険料額は52万6000円。一生涯これをかけ続けると2000万円にもなります。人生で2番目に高い買い物と言われる所以です。月平均4万4000円弱ですから、これを見直すことで1万円でも2万円でも捻出できれば、家計の大きな助けとなりますね。

家計の見直しというと、何か億劫なイメージを持たれる方もいるかもしれません。しかし、たとえば毎月2万5000円くらい節約できれば、5年間で150万円も貯まります。まだ自己資金が十分でないという方は、家計の見直しに挑戦してみる価値はあると思います。また、家を建てた後であってもそれだけ貯めることができれば、家族で海外旅行に行くことも可能です。そのような楽しい未来を想像すれば、家計の見直しも意外と楽しくできるものです。

なお、家計の見直しについては、資金計画をあまり心配していない年収の多い方にこそ、むしろ実行していただきたい。年収の多い方は一般的に使うお金も多く、そのいっぽうで高額の住宅ローンを組むことができるため、資金計画を失敗する危険も大きいのです。

◎資金計画はライフプランを考えて

家計の見直しが済んだら、住宅ローンの「本当の借入限度額」の検討に入りましょう。これで、いよいよ「家づくりの予算」が決まります。

ここでの一番のポイントは、「家族のライフプラン」を踏まえて検討するということです。先に書いた「将来予測」という部分です。逆に言うと、住宅ローンの借入限度額を検討する際には、あらかじめ家族のライフプランを検討しておくということです。

人生では家以外のことにもいろいろお金が必要です。

たとえば、家を建てた後も家族が幸せに暮らしていくためには、趣味を持つことや何年かに1回は家族旅行の機会を設けるようなことも必要でしょう。車の買い換えも7〜10年に1回くらいのペースで必要な時期がやってくるものです。

また、大きな出費としては、子どもにかかる費用です。

現在お子さんを持っていないご夫婦でも、子どもをつくりたいと願っていらっしゃる方がほとんどでしょう。また、現在お子さんがいても、「もう一人」と思われる方もいるでしょう。

子どもに関する費用でもっとも大きなものは教育費でしょう。小学校、中学校は公立でほとんどかからないだろうと思われるかもしれませんが、小学生でも平均して年30万円の教育関係費がかかります。中学生になるとそれは50万円近くにまで達します。高校受験などを考えれば塾へも通わせたいですよね。ましてや私立に通うことにでもなれば、さらに大きな出費

子どもの学習費（文部科学省「平成20年度　子どもの学習費調査」より）

	幼稚園	小学校	中学校	高　校
公立（1年間）	229,624	307,723	480,481	516,186
私立（1年間）	541,226	1,392,740	1,236,259	980,851

が待っています。「うちは家を建てたんだから我慢しなさい」とは言えませんね。

そしてこの費用はお子さんが2人であればそのまま2倍、3人であれば3倍になります。住宅ローンを組む際には、現状の収入と支出を中心に考えがちですが、まずはお子さんの成長をそこに盛り込んでください。もし、現状でぎりぎり返せる住宅ローンを組んでしまったら、お子さんが就学するころには、住宅ローンが破綻しかねません。

皆さんの親御さんの世代では、それでも何とかやっていけるくらいの収入の伸びがありました。でも、いまからは、〝確実に〟そして〝必要なだけ〟給料が上がるとは限りません。

そして忘れてはいけないのが、人生には、大きな出費が必要な時期のほか、収入が大きく減る時期もあることです。それはたとえば、ご主人が定年退職されてから、年金が支払われるようになるまでの期間です。

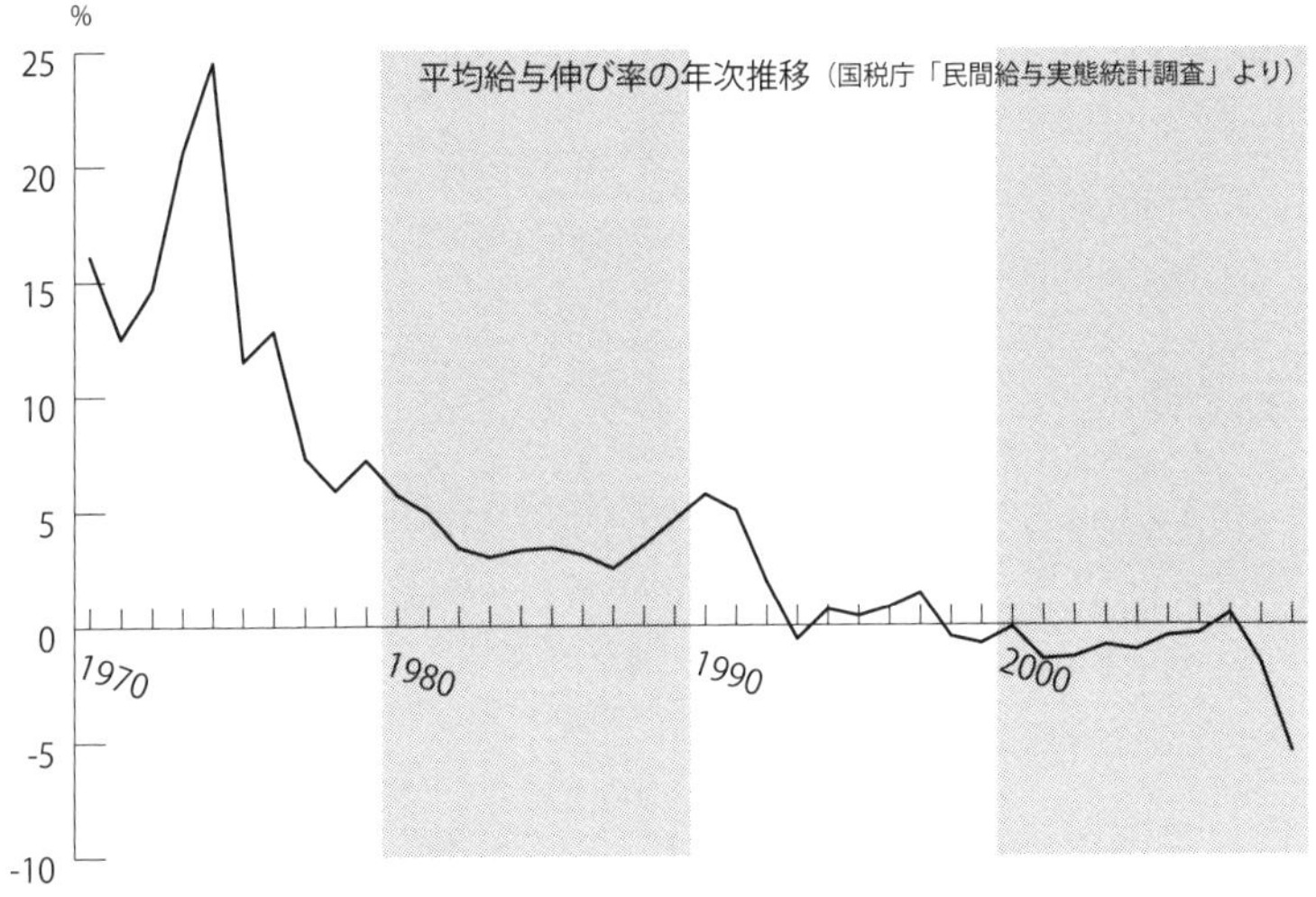

この間は退職金で家計をまかなっていかなければなりません。

かといって、老後も単に節約するだけではなく、できればこれまでできなかったことをやってみたい、夫婦でのんびり旅行したいなど、定年後に楽しみを取っておく方もいらっしゃるでしょう。

このように、ご家族のライフプランを検討すると、人生のその時々でどれくらいのお金が必要かが見えてきます。住宅ローンの返済はとても長期間にわたります。出費が増える時期、収入が減る時期などを見越して資金計画を立てるためにも、まずライフプランを検討し、そのライフプランを実現するために必要なお金を踏まえた上で、

「毎月いくらくらいなら無理なく返済していけるか」

という基準で住宅ローンを検討してください。

その順番で計算すれば、借りていい住宅ローンの額がわかります。それが、家づくりにかけられる「予算」なのです。

「そこまで考えなければならないとなると、家づくりの資金計画って難しいなあ……」

と思われた方もいるかもしれませんね。

しかし、その点は大丈夫です。ファイナンシャルプランナーなどの専門家に相談することも可能です。住宅会社でも、ファイナンシャルプランナーが資金計画の立案に協力してくれるようなところも増えています。

ただ、家族の暮らし方は家族にしかわかりません。どういう暮らし方をしていきたいのか、家族でどんな生活を実現したいのかを、十分に話し合ってください。そのうえで、大まかなライフプランを立て、いざ実際に家づくりをすることになったら、専門家と相談しながら、改めて詳細な資金計画を立てればいいのです。

予算が決まったら実際の家づくりをはじめよう

◎資金計画は最初に固め、動かさない

さあ、家づくりに使える予算が決まりました。これから土地探しや間取りプランづくりなど、実際の家づくりをはじめましょう。

ここでもっとも重要なこと。それは予算を増やさないということです。

モデルハウスなどに行けば、素敵な間取りや豪華な設備に心を動かされるでしょう。実際に住宅会社で家の理想や希望を伝え、見積りをとると、出てきた見積り額が予算をオーバーしてしまうかもしれません。

そうなった場合、くれぐれも見積り額に合わせ、予算を増やしたりしないように注意してください。ライフプランを踏まえた資金計画を固めたら、その予算内で家を建てるようにするのが、失敗しないための鉄則だからです。

その理由は、家以外の買い物をするときと比較してみると、わかりやすいのではないかと思います。

家以外の買い物をするときには、欲しい商品がまずあって、それから予算が用意できるかどうかを考えることもあると思います。家電でも洋服でもそうだと思いますし、人によっては車でもそうかもしれません。それでも大丈夫なのは、これらの買い物があくまで「一時の買い物」だからです。

しかし、家の場合、決して「一時の買い物」ではなく、家族の人生設計にも影響する買い物です。せっかく念願のマイホームを持っても、その後に住宅ローンを払うためだけの人生になってしまったのでは、幸せな人生とは言い難いのではないでしょうか?

家は人生において、とても大切なものですが、かといって、人生のすべてではありません。

家を建てた後も家族が安心して幸せに暮らしていくためには、家づくりはライフプランの一環として考えることが大切なのです。

つまり、家づくりは、

「価値観を実現できる家を建てるためにはいくら必要か」

という考え方ではなく、

「ライフプランを踏まえて計算した予算内で、価値観を最大限実現できる家をつくる」

という考え方で進めるものなのです。

こんな話をすると、「自分たちの予算で、いい家が建つかなあ」と心配される方もいるかもしれません。でも大丈夫。注文住宅なら、希望やこだわりに優先順位をつけ、こだわるところにはこだわり、そうでないところは最大限コストダウンや工夫をすることにより、ご家族の価値観を予算内で実現する方法があるはずです。

逆に言うと、最初にしっかりとした資金計画を立て予算を定めることにより、家づくりでどこにこだわるか、優先順位が見えてきます。ご家族の価値観を最大限実現できる家をつくるためにも、最初にライフプランを踏まえた資金計画を立てることが大切なのです。

家のどこにこだわるか、それはご家族によってさまざまですが、どんな家を建てるにしてもコストダウンしてはいけないところもあります。家において、コストダウンできる部分とそうでない部分については、第4章で改めて説明します。

何より、最初にしっかりした資金計画を立て、お金の心配をクリアにしておかないと、家づくりを安心して楽しめないものです。この本を読まれている方が実際に家づくりをする際には、せっかく一生に一度の家づくりを心から楽しむためにも、最初にしっかりした資金計画を立てていただきたいと思います。

第２章

住宅ローンの組み方、返し方

家を手放さないですむ住宅ローンの選び方

◎なにはさておき資金計画

第2章では資金計画の要である住宅ローンについて述べていきます。住宅ローンの種類はひじょうに多く、選ぶことさえ難しいかもしれません。

「でも、金融機関がやっていることだから信用のある大手金融機関であればそう大きな違いはないんじゃないの？」

と思われるかもしれませんが、それは間違いです。銀行などの金融機関も企業ですから、それぞれに〝利益の上がる商品〟を揃えていますし、それを売りたがります。住宅ローンの借り方を誤ると、その先に待っているのは家を手放さざるをえないという不幸です。

私は平成10年から、下請けとしてこの建築業界に入りました。年間70棟ほどを建てていましたが、自分で建てた家を見に行くと、いつの間にか表札が変わっている家があるのです。私は下請け業者でしたが、現場では直接施主さんと話をするようにしていました。皆さん夢のマイホームが建ち上がっていくのをワクワクしながら見ていたものです。にもかかわらず、家を手放さざるを得ない状況になってしまったことが残念でなりませんでした。

なぜ家を手放すことになるかと言えば、資金計画がうまくいかないためです。「何とかなるだろう」と思って立てた資金計画が破綻したためです。

もちろん、家を建てようと決心された方は誰でも、資金、もっと具体的に言えば住宅ローンについて気にはなっているのです。でも、残念ながらあまり勉強していません。

それは私たち建築に携わっている業界にも責任があります。

というのも、私のところに相談に来た方に聞くと、まずはどんな家、どんな間取り、どんな設備という〝モノ〟の話が先に進み、あれもこれもと夢ばかりが膨らみきったところで、最後になってやっと〝お金〟の話になるというのです。

そして、決まってこう言われるようなのです。

「低金利のいまなら、家賃並みで住宅ローンは払っていけますよ」

こうした住宅会社は、お客様の夢を実現してあげているんだと言うのかもしれませんが、はたして本当にそうでしょうか？

最初にお金の話をしたら買ってもらえない。

そう考えているからこそ、最後にお金の話をするのではないのか？　お客様の夢が膨らめば膨らむほど、当然のように金額は上がります。でも、一度描いてしまった夢をあきらめきれるでしょうか？

そして、そんなお客さんに対して最後にこう念が押されるのです。

「一生に一度のことですから、後悔のないようにしましょうよ」

その結果、短い期間で表札が変わるということになっているのはどういうことでしょう？〝家を手放す〟ことこそ、一番の後悔ではないですか！

私が住宅会社として注文建築を建てはじめて以来、口を酸っぱくして「ライフプラン」「資金計画」と言い続けているのは、そのためです。中でももっとも重要なお金の話をするのは、そのためなのです。この本も大部分がライフプランと資金計画の話です。

お金があるから幸せになるとは思いません。そして、家にお金をかけるほど幸せになるわけでもありません。でも、幸せになるために建てた家を手放すことは、間違いなく家族にとって不幸です。そんなご家族を一軒も出したくないのです。

いっぽうで、多くの方は住宅ローンの返済について気にはなっていますが、じつはどこかで「何とかなるだろう」と思っているのです。だからあまり勉強しない。

私のところへ家づくりの相談にくる方には必ず「予算はいくらですか?」と聞きます。

先日来られた方は、

「だいたい3000万円くらいですかね」

と言うのです。では、「その根拠は?」と聞くと、

「いや、まあ、そんなもんかなと……」

と、はっきりした根拠がないのです。じつはこういう方が、ひじょうに多いのです。

印象的だったのは、A夫妻の例です。

「資金はどのくらいを予定していますか?」

「いや、普通に……」

「自己資金は？」
「300万円くらい」
「全部使ってしまうと後々苦しくなりますよ」
「いや、全部で300万円というわけでは……」

延々、こんな調子です。これでは資金計画ができません。きちんと資金計画を立てるためには、家計についても相当詳しいお話をお聞きしないと正確な計画はできません。しかし、それものちのち後悔しないために必要なことです。

このご家族の場合、どうやらご主人の年収は600万円あるというので、ローンを組むのに問題はありません。しかし、じっくりと話を聞いてみると、家計は常にオーバー気味だというのです。

奥様に話を聞くと、3人のお子さんは理系に進ませたいということですので、教育費にも相当の資金が必要です。

おそらく、このまま住宅ローンを組んだら破綻は必至です。そのことを正直にお伝えしたところ、驚くべき答えが返ってきました。

「いや、それは最悪のケースだから」

私には返す言葉がありませんでした。むざむざ不幸になる家族をつくることはできませんので、こうなってはお断りするしかありません。

また、他社で聞いてきた金額に固執する方もいます。

Bさんは他社で

「あなたの年収なら3000万円は借りられますよ。後悔のないいい家を建てましょう！」

と言われてから私のところに来たのです。詳しく話を聞くと、私の基準では３０００万円はひじょうに危険な金額だったのです。

「このままでは数年後に返済が厳しくなりますよ」

と言うと、

「そんなはずはない！　他社では大丈夫だと言われたんだ」

と、一向に聞き入れてもらえませんでした。

いっぽうで、同じように「３０００万円まで大丈夫」と言われても、私の資金計画の話を納得してくれ、２０００万円で家づくりをされた方もいます。

この章の解説の中で、３０００万円を借りた場合と２０００万円を借りた場合の両方の金額の例を掲載しますので、その金額の違いを確かめてみてください。

住宅会社から

「あなたの年収なら3000万円まで借りられます」

とか、

「家賃並みの返済ですから大丈夫」

と言われると、「そんなものか」と思うのです。でも、家が広くなった分、光熱費も上がります。固定資産税もかかります。共働きでやってきたご夫婦であれば、お子さんができて奥様が働きに出られなくなるかもしれません。お子さんが成長すれば教育費もかかります。

さらには、後に述べる変動金利型のローンで、当初の返済額を家賃並みで組んでしまい、後に金利が上がって返済が厳しくなることもあるのです。

そうした要素をきちんと考慮した上で、住宅ローンを組むべきなのです。

住宅ローンの正体

◎住宅ローンはどこで借りたらいい？

では、住宅ローンについて、きちんと勉強しましょう。

家を建てるとなれば、ほとんどの方が住宅ローンを借りて家を建てます。この本を読まれている方もおそらくそうでしょう。

ところで、あなたはどこで住宅ローンを借りますか？


「えっ？　たぶん、給料振り込みの銀行だと思うけど……？」

「うちは、昔からつきあいのある○○信金かな。担当者もよく知っているし……」

「ま、近くて便利だから、駅前の△△銀行かな？」

まずはこんな風に考えるかもしれませんね。

でも、こうした選択方法は、あまり賢い方法とはいえません。なぜなら、同じ金額を借りるとしても、住宅ローンによって返済総額や月々の家計に占める返済の割合が大きく違ってくるからです。

別の言い方をすれば、ライフプランから「月々返済できる金額」は割り出してありますね。その金額で借りられる額が大きく違うということです。

住宅ローンは金融機関ごとにさまざまな種類のものがありますから、いったいどれを選んだらいいのかわからないという方がほとんどです。

そして、住宅会社選びには非常に時間も手間もかけるのに、いっぽうで金融機関選びはあまり熱心に考えない方が意外と少なくありません。

その結果、「給料の振り込み先の銀行だから」「家の近くに支店があるのがそこだから」……その程度の理由で住宅ローンを組む銀行を決めてしまう方もいます。

給料の振り込みに使っている銀行だと、たしかに住宅ローンの審査が通りやすいとか、優遇金利（店頭の金利よりも割り引いてくれる）の適用を受けられるなどのメリットもあります。しかし、給与の振り込み先は、会社の経理部や総務部に相談すれば簡単に変更できる場合がありますし、そもそも会社と銀行の関係をあなたが押しつけられるいわれはありません。

いっぽう、家の近くに支店や出張所がある銀行なら、たしかに何か窓口に行く用事があったときには便利でしょう。しかし、いまは住宅ローンも口座からの自動引き落としですし、窓口にわざわざ出向く必要はほとんどありません。

昔から付き合いがあるとは言っても、それで有利な住宅ローンが組めるとは限りません。

◎住宅ローンの正体。それは金利

ところで、住宅ローンって、どういうものだかよくわかっていますか？

「もちろんですよ。住宅を建てる資金を借りるために組むローンでしょ」

当たり前すぎて怒られてしまうかもしれませんね。でも、これだけでは十分な解答ではありません。では、あなたが家を建てるために2000万円借りるとしたら、いったいいくら返すことになるか知っていますか？

「そりゃ、多少の利息はあるから2000万円だけではないだろうけど……」

そうですね。でも、多少の利息ではありません。

仮に2000万円の住宅ローンを3％の固定金利、返済期間35年、ボーナス払いなしという条件で借りた場合、あなたが銀行に支払う利息はいくらになると思いますか？　じつに約1233万円です。ちなみに、月々の返済額は7万7000円です（次ページ表参照）。

もう少し、数字をご紹介しましょう。同じ条件で金利が3・1％だったらどうなるでしょう？

このときの総返済額は3280万円です。利息分は1280万円になります。わずか

2000万円を35年ローンで借りた場合の利息

金　利	返済総額	月返済額	利　息	3%との差額
3.0%	32,327,082円	76,970円	約1233万円	－
3.1%	32,797,839円	78,090円	約1280万円	47万円
4.0%	37,193,115円	88,554円	約1720万円	487万円

35年間固定金利で、ボーナス払いなしの場合

0・1％の違いで47万円違うのです。この場合の月々の返済額は7万8000円です。

では、もし1％違ったら？　金利が4％であれば返済総額は3720万円。総額で1720万円も利息を支払うことになります。ちなみに月々の返済額は8万8500円。

借りたお金は2000万円なのに、これだけ返済総額が変わるのです。利息の大きさにびっくりしました？　これが住宅ローンの正体です。

したがって、住宅ローンを検討する場合、まずは「金利」に注目をして選ぶ必要があります。

金融機関によってはキャンペーンとして優遇金利などを設けてい

て、店頭金利よりもさらに利率を下げた商品を扱っていることがあります。優遇金利の適用条件、適用期間、優遇される金利の幅などは様々ですが、住宅ローンの金利を比較する際には、この金利優遇キャンペーンの情報にも注意しておきましょう。

この優遇金利の適用条件としては、

・取引状況（給料の振り込みや公共料金の引き落としに使っているかなど）
・年収
・勤続状況
・物件価格に対する自己資金の割合

などが定められています。そして、条件を多く満たすほど、優遇される金利の幅が大きくなります。

たとえば、給料の振り込み口座があるか否かで、優遇される金利の幅が0・4％くらい変わったりするのです。ですから、お得な住宅ローンを扱っている銀行を見つけたら、給料の振り込み先をその銀行に変えることも検討すべきでしょう。

固定金利と変動金利

◎短期固定と固定では金利がこんなに違うのはなぜ？

みなさんが金融機関のホームページなどで情報収集をすると、金利に大きな差があることに気づくかもしれません。

たとえば、住宅ローンの代表的な「フラット35」は返済期間中金利が変わらない固定金利型の住宅ローンです。直近の金利は約2・6〜3・5％です。

いっぽう、2年固定、3年固定というローンなどは、1％台のモノがたくさんあります。

「えっ、そんなに差があるんですか⁉」

そう思われた方もいるかもしれません。

「住宅ローンは金利だ、というなら、やっぱり2年固定や3年固定のローンが有利ということですね」

となりそうですが、そうとは限りません。

2年固定、3年固定というローンは当初2年間、3年間は契約時の金利ですが、その期間が終了すると、改めて金利の交渉がはじまります。その時の経済状況によって、上がったり下がったりするローンです。「固定」と名前は付いていますが、じつは変動金利型のローンなのです。先ほども少し触れましたが、この当初金利で家賃並みの返済額を算出してしまうと、金利が上がったときに月々の返済額が上がってしまい、途端に生活が苦しくなるということになりかねません。

◎「固定金利型」「変動金利型」「固定期間選択型」はどれがお得？

ここで「固定金利」「3年固定金利」などという言葉が出てきましたが、住宅ローンにはどんな種類があるのでしょう？

住宅ローンは大きく分けて、「固定金利型」「変動金利型」「固定期間選択型」の3タイプがあります。タイプの違う住宅ローンの金利は単純比較できませんから、金利を比較する前にこの3タイプのどれを選択するかという問題があるわけです。

そこで、この3タイプについて、まずはそれぞれの特徴を見てみましょう。

①固定金利型

・借り入れをしたときに決められた金利が返済完了まで変わらない。
・借り入れたときに返済総額が決まり、月々の返済額も決まるので返済計画が立てやすい。
・当初の金利は変動金利型より高めに設定されている。

・金利の優遇は受けられない場合が多い。

②変動金利型

・半年～1年と決められた期間ごとに金利が見直される。
・金利が上がることもあれば下がることもあるため、返済総額も変動する。
・当初の金利はもっとも低く設定されている。
・金利の優遇幅も一番大きく設定されている。

③固定期間選択型

・3年間、5年間、10年間といった一定の期間は固定金利を適用し、固定期間の終了後に金利が見直される。
・見直しの際に変動金利か、もしくは再度、固定金利を選択する。
・金利の固定期間が短いほど、当初の金利が低く設定されている。
・当初の固定金利期間だけ金利が優遇されるプランと、返済期間中を通して一律の金利が優遇されるプランがある。前者のほうが金利の優遇幅は大きく設定されている。

こうしてみると、この3タイプには、それぞれ一長一短があることがおわかりいただけるでしょう。〝金利〟という視点から考えれば変動金利型がもっとも有利ですが、全期間を通じてどうかと考えると、必ずしもそうとは言い切れません。途中で金利が上がってしまったら、固定金利型よりも多くの返済をしなければならない可能性があるからです。

つまり、「これを選べば間違いがない」という絶対的な正解はないのです。なぜなら、住宅ローンの返済期間は、20年、30年という長期間に及ぶからです。20年後、30年後の状況を予測することがどれほど難しいかは、20年前、30年前にいまの日本の状況を予測できた人がどれほどいたかと考えてみればわかりやすいでしょう。

ただ、私が家づくりをしているお客さんにお勧めすることが多いのは、いまなら固定金利型か、固定金利期間が比較的長い10年程度の固定期間選択型です。その理由は何より、いまの金利が極端に低く、将来的には金利が上がるのが確実だからです。そのため、現在の低金利の恩恵を長く受けられるタイプのローンを選ぶのがいいということです。

現在は史上希に見る低金利時代です。普通預金なんて、わずか0・02％です。100万円預けていたって年間利息は200円です。ある意味、これ以上金利が下がりようがない状態なのです。したがって、2年後、3年後に金利が上がることも予想されるのです。

いまから20年前、バブルの末期には住宅ローンの金利が8・50％という時代がありました。しかも、わずか2、3年の間に4％ほども急上昇したのです。

変動金利型ないしは短期固定型を選んでいて、このような金利上昇期に当たってしまっては、せっかくの資金計画も台無しです。資金的に余裕のない方が当初の金利の低さに惑わされ、変動金利型や金利の固定期間が2年や3年と短い固定期間選択型を選ぶようなことは避けたほうがいいでしょう。

また、毎月の返済額がずっと変わらない固定金利型の場合、金利が上下することに一喜一憂せずに済み、資金計画が立てやすいのがメリットです。そのため、まだお子さんが小さく、教育費などの今後の大きな出費に未確定な部分が多いご家族には、もっとも安心なタイプといえるでしょう。

住宅ローンの返済期間はどう決める?

◎住宅ローンはご主人の定年までに完済するのが原則

住宅ローンを借りる際には、お得な住宅ローンを探すことのほかにもう一点、大切な検討ポイントがあります。それは返済期間です。

返済期間を長くすれば、住宅ローンの毎月の返済額は少なくなります。しかしいっぽうで、総返済額は増えてしまいます。逆に返済期間を短くすれば、住宅ローンの毎月の返済額は増えてしまいます。ただ、逆に総返済額を減らせるというメリットもあります。

たとえば、3000万円の住宅ローンを3%の固定金利で借りるとして、返済期間を25年にした場合と35年にした場合で比較してみましょう。総返済額と毎月の返済額はそれぞれ次のようになります。

・25年返済の場合＝総返済額は約４２６８万円、毎月の返済額は約14万２０００円
・35年返済の場合＝総返済額は約４８４９万円、毎月の返済額は約11万５０００円

総返済額で比べると、25年返済のほうがじつに５８１万円も安くなります。これはつまり、25年返済のほうがそれだけ支払う利息が少なく済むということです。ただ、そのぶん毎月の返済額が３万円も増えるとなると、総返済額を抑えるために返済期間を短くするのもそんなに簡単ではないと感じる人が多いでしょう。


では、返済期間については、どのように考えればいいのでしょうか？

結論から言うと、ここから先はまたライフプランを踏まえて検討しなければなりません。

前章で、住宅ローンは家族のライフプランを踏まえ、「毎月無理なく返済できるのはいく

3000万円を借りた場合の返済期間による比較

金利	返済期間	返済総額	月返済額	利息の差額
3.0%	25年	42,678858円	142,263円	－
	35年	48,490,768円	115,455円	約581万円

ボーナス払いなしの場合

らか」という基準で検討しなければいけないと書きました。そのことをもう一度思い出してください。

住宅ローンの返済期間は短くすればするほど、支払う利息は減ります。しかし、そのために毎月の返済額を無理に増やすと、ライフプランに影響が出てきます。ですから、返済期間については、毎月の返済額が「無理なく返済できる額」になるように設定するのが正解です。

実際問題、私のところに相談に来られる方たちのほとんどが、住宅ローンを組む際に返済期間を30年か35年にしています。家族のライフプランを踏まえ、毎月の返済額を「無理なく返済できる額」にするためには、そのほうが安全で安心だからです。

ただ、毎月の返済額を少なくするために、返済期間を長くすればするほどいいというわけではありません。支払う利息の問題もありますが、ご主人の定年のことも考えなければならないからです。

これも前章で触れたことですが、ご主人が定年を迎え給与所得がなくなると、家族の収入は大きく減ってしまいます。年金生活をしながら、ローンを返し続けるのはリスクがありますから、住宅ローンはご主人が定年を迎えるまでに完済するのが原則です。ライフプランを踏まえた家づくりの資金計画を立てる上で、これも大切なポイントです。

つまり、住宅ローンの返済期間はライフプランを踏まえ、毎月の返済額を「無理なく返済できる額」にしつつ、ご主人の定年までに完済できるように設定するのが原則だということです。

◎住宅ローンを定年までに完済するには計画的な繰り上げ返済で

ところで、住宅ローンはご主人の定年までに完済するのが「原則」だと言われても、釈然としなかった方もいるのではないでしょうか？

「それだと、30代半ばを過ぎて、住宅ローンを組むのは難しいのでは……」

そんな感想を抱かれた方がいたとしても、当然のことだと思います。なぜなら、定年退職年齢は60歳が一般的だからです。30代半ばを過ぎたら、60歳までには残り20年少々しかありません。その程度の期間で完済しなければならないとなると、資金的に余裕がある人以外は住宅ローンを組めなくなってしまいます。

実際のところ、住宅ローンは60歳までに完済するのが原則ですが、いまなら65歳くらいまでは働くことも可能です。ですから、住宅ローンは60歳までの完済が難しくても、最大で65歳までに完済できればなんとかなるものです。

ただ、そうはいっても、65歳までに住宅ローンを完済しようと思えば、35歳の方は30年以内、40歳の方なら25年以内に返済期間を設定しなければなりません。その返済期間だと、毎月の返済額を「無理なく返済できる額」に抑えつつ、充分な額の住宅ローンを借りるのはやはり難しいように感じる方は多いでしょう。

当然のことながら、「無理なく返済できる額」で家を建てることが大原則ですが、では、ローン完済時の年齢が65歳を超えるような長さの返済期間で、住宅ローンを借りてはいけないのでしょうか？

そんなことはありません。きちんとした返済計画を立てることができれば、完済時の年齢が70歳や75歳になるような返済期間で住宅ローンを借りていただいても構いません。住宅ローンを借りたあとで65歳までに完済できるように「手だて」を講じることもできるからです。

では、具体的にどうすればいいのでしょうか？

それは、計画的に「繰り上げ返済」をすることです。

繰り上げ返済とは、住宅ローンの返済期間中、家計に余裕があるときに余分に返済する方法です。ローンは元金（借りたお金）に利息をつけて返済しなければなりませんが、繰り上げ返済をすると、全額が元金に充当されます。つまり、その時点で残っている元金が減り、それに将来的につくはずだった利息も減らせ、ひいては総返済額も減らせる効果があるのです。

そして、繰り上げ返済を行って総返済額を減らしたら、その効果は、

・毎月の返済額を減らせる
・返済期間を短縮できる

という2つの形のうち、いずれかで得ることができます。

ですから、完済時の年齢が65歳を超える条件で住宅ローンを借りても、返済期間中に繰り上げ返済を繰り返し、返済期間を短縮していけば、最終的には65歳までの完済も可能になるのです。

では、繰り上げ返済によって、具体的に返済期間がどのように短縮されるのでしょうか？

まず、３０００万円の住宅ローンを固定金利３％、「35年返済」の条件で借りたケースでみてみましょう。

この場合、返済開始5年目、10年目、15年目、20年目、25年目にそれぞれ１００万円ずつ繰り上げ返済すると、返済期間は６年１ヶ月短縮され、28年11ヶ月になります。つまり、住

宅ローンを借りたときに35歳だったとしても、63歳か64歳でローンを完済できる計算です。

「5年ごとに100万円は厳しいなあ」と思われますか？　年間20万円ですね。月々1万7000円弱です。たしかに、実際にやるとなると、結構厳しいかもしれませんね。でも、繰り上げ返済をするのであれば、これもきちんとライフプランに入れ込んでおくといいでしょう。

貯金する秘訣は、「収入－支出＝貯蓄」と考えるのではなく、「収入－貯蓄＝支出」と考えるのです。このようにまず貯蓄分を収入から差し引いて、逆に残りは使い切ってもいいのです。こうすることで、着実に貯蓄を増やすことができます。

ライフプランの項では家計の見直しをしました。私はその際、家計を見直した上で毎月2万5000円くらい節約できれば、5年間で150万円くらい貯めることも可能だと書きました。いろいろな方の家づくりをお手伝いしてきた私の経験上、それは実際、意外なほど簡単にできることです。家づくりをする際、家計を見直すと、誰でも本当に多くの節約可能なお金があることに気づくものなのです。
5年ごとに150万円貯まれば、住宅ローンの繰り上げ返済に100万円を充てても、まだ50万円残ります。50万円あれば、家族で海外旅行にも行くことも可能でしょう。
住宅ローンの繰り上げ返済だけでなく、そういう楽しいことも想像すれば、節約も楽しくできるものです。

また、毎月の貯蓄が難しいのであれば、ボーナスをそのまま貯蓄に回すという方法もあります。これもまた、きちんとライフプランに反映しておく必要があります。年2回ボーナスが出るのであれば、前期分は貯蓄に回す。でも、後期分は全額家族のために使う。こうしたメリハリをつけることで、有意義にお金を使いながら貯蓄をしていくこともできるのです。

繰り上げ返済を計画的に実行していくためには、人生のその時々で必要なお金をきちんと把握しておくことも必要です。家づくりをする際には、ライフプランを踏まえた資金計画をしっかり立てることがそういう意味でも重要なのです。

なお、定年までに住宅ローンを完済する方法としては、「退職金による一括返済」もあります。住宅会社や銀行によっては、これを勧めてくることもありますが、私は賛成できません。退職金は、老後の大切な生活資金だからです。

住宅会社で家づくりの相談をした際、退職金による住宅ローンの一括返済を勧められたら、本当に自分たちのことを考えた家づくりをしてくれる会社か、立ち止まって考えてみたほうがいいでしょう。

◎繰り上げ返済の注意点

借金は早く返せれば返せるほど、一般的にはいいことです。ただ、住宅ローンについては、そうとは言い切れない面もあります。繰り上げ返済は有効な返済方法ですが、じつは気をつけていただきたいこともあります。

それは、あまりムキになって繰り上げ返済を繰り返すのはお勧めできない、ということです。手元に現金を残しておくことも大切ですし、人生には住宅ローンの返済以外にも大事なことがあるからです。

それというのも、一般的に住宅ローンを借りたら、団体信用生命保険に加入することになります。ですから、ご主人に万が一のことがあった場合、団体信用生命保険によって、住宅ローンの残金は完済されます。ムキになって繰り上げ返済を繰り返していたご家族は、実際にそうなった場合、かなり損をすることになってしまうのです。

具体例で考えてみましょう。

同じ時期に、同じ額の住宅ローンを同じ条件で借り入れ、家を建てたヤマダさんご家族とスズキさんご家族がいたとします。

ヤマダさんご家族は、もともと借金が嫌いで、利息を支払うのは非常にもったいないことだと思っていました。そこで、生活を切りつめて節約し、貯金が貯まるごとにほとんどを住宅ローンの繰り上げ返済に充てていました。その努力の甲斐もあり、返済をはじめて10年後には、30年返済の条件で借りたローンがあと15年で完済できるまでになっていました。

いっぽう、スズキさんご家族も住宅ローンを借りたのを機に、節約を始めたのはヤマダさんご家族と同じでした。ただ、スズキさんご家族は、人生を住宅ローンの返済だけに費やしたくないと、貯金したお金で返済開始当初の10年間に2回も家族で海外旅行に行きました。また、旅行に行きながらでも節約効果によって貯金を増やすこともできました。

ただし、スズキさんご家族は繰り上げ返済を一切していません。したがって、30年返済の条件で借りた住宅ローンの返済期間は10年後、そのままあと20年残っています。

この時点では、ヤマダさんご家族とスズキさんご家族のどちらがいいか、それはどちらとも言い切れないでしょう。あくまで人生観の問題だからです。

では、ヤマダさんのご主人とスズキさんのご主人が今度は同じ時期に不慮の事故に遭い、不幸にもお二人とも亡くなったとしたらどうでしょうか?

ヤマダさんとスズキさん、いずれのご家族も団体信用生命保険により、残りの住宅ローンは完済されました。つまり、返済の必要のないマイホームが奥様やお子さんに残ったのは、どちらのご家族も同じです。

しかし、ヤマダさんの奥様やお子さんには、マイホーム以外のものはほとんど何も残りませんでした。生活を切りつめ、貯金のほとんどを住宅ローンの繰り上げ返済につぎこんでいたからです。

いっぽう、スズキさんの奥様やお子さんには、マイホーム以外に充分な貯金も残りました。それだけではありません。お父さんと海外旅行をした思い出も残ったのです。

こうなると、どちらのご家族の選択が正解だったかは誰の目にも明らかでしょう。

住宅ローンを早く完済したい気持ちや、支払う利息を少しでも減らしたい気持ちもわかりますが、くれぐれも人生のすべてを住宅ローンの返済に費やさないようにしてください。

住宅ローンの考えどころ3つのポイント

ここまでに説明させていただいたことが、住宅ローンの選び方、組み方、返し方の主なポイントです。基本知識として、ここまでのことを押さえておけば、あなたが住宅ローンで大きな失敗をすることはないでしょう。

ただ、家づくりは人それぞれで、教科書どおりにいかないこともあるものです。その最大の懸案は、十分な資金計画が立たない場合でしょう。

毎月の支払可能額と定年までの年数を勘案した場合に、思ったような金額にならないこともあるでしょう。繰り上げ返済とはいっても、その余裕ができるかどうかはわからない。その時はどうします？　家づくりをあきらめますか？

「えー、やっぱりうちでは無理なのか……」

酷なようですが、それも一つの選択です。というのも、無理して家を建てて、それを手放すよりは、家を建てずにいまの生活を続けたほうが、より幸せだと考えるからです。

「家を建てれば幸せになる」

そう考えている人がまだ多いのですが、決してそんなことはありません。家を持たずに賃貸アパート暮らしでも幸せな家族はたくさんあります。

「毎月、住宅ローンの返済に追われてあくせく働きづめ、家に帰るのは夜遅く寝に帰るだけ……。これじゃ、何のためにマイホームを建てたのか……?」

奥様もパートに出なくてはならず、子どもの相手も満足にできない……。

「せっかくの広いキッチンも料理をする時間も気力も出ないわ……」

そんな暮らしをするくらいなら、いまのままのほうがどれほどいいか。

それでもこの本を読んでいらっしゃる方は、一念発起して家族のために、お子さんのために、ご主人のため奥様のために、家づくりをはじめようと思っているはずです。

そうであるなら、すぐにあきらめる必要はありません。まずは用意できる資金で家づくりをはじめればいいのです。

ここからは、住宅会社と二人三脚の戦いです。家づくりにかけられる費用の中で、最高のマイホームを建てる。

繰り返し言いますが、家は家族が幸せになるために建てるものです。そして、お金をかけたからより幸せになるというものではありません。あなたの家族が集い、あなたの家族のライフスタイルを実現する舞台、それが家です。

「足りないからよけいに借りる」では、あなたのライフプランは決してうまくいきません。

それでも、金融機関や住宅会社から次のような提案があるかもしれません。それは、

・奥様の収入を合算する
・ボーナス払い併用にする
・自己資金なしで家づくりをはじめる

この3つです。

最初の2つは借入額を増やすための方法です。3つめは、いますぐにも家づくりをはじめられる方法です。どれもかなりの妙案のように聞こえますが、はたしていいのかどうか。多くの方が悩まれるポイントですので、ここでしっかりと確認しておきましょう。

ポイント①奥様の収入を資金計画に入れても大丈夫か？

共稼ぎのご夫婦の場合、ご主人の収入だけでなく奥様の収入を合算して、住宅ローンの審査をしてもらうことも可能です。これは、ご主人の収入だけでは希望どおりの金額を借りられないご夫婦がよく検討されることです。奥様の収入を合算して審査に臨めば、その分、多くの住宅ローンを借りることができるからです。

住宅会社や金融機関によっては、頼んでもいないのにこの方法を勧めてくることもあるようです。この業界には、「少しでも高い家を買ってもらおう」「少しでも多く借金してもらおう」と考えている人たちがいるということです。

私がこの方法を勧めることはありません。家を建てたあともいつまでも安心して暮らしていくためには、ゆとりをもった資金計画を立てることが大切だからです。

まず、奥様がいつまでも働き続けられる保証はありませんし、とくに子育て世代のご家族の場合、今後の人生には未確定の部分が多いものです。ですから原則的には、住宅ローンの借入額や返済計画はあくまでご主人の収入だけを基準に考え、何か不測の事態があったときには「奥様が頑張る」ことで対処できる余裕を残しておくべきなのです。

ただ、以下の条件を満たしている場合には、こうした方法をとることも選択肢の一つとして考えていいでしょう。

・奥様の勤務先の会社が産休や育児休暇など、女性がいつまでも働ける環境が整っている

・奥様が定年まで勤めたいと思っている

これは、奥様の収入を合算して住宅ローンを組む場合、絶対にはずせないポイントです。

奥様の収入を計算に入れた資金計画としては、「私がパートで毎年100万円はなんとかしますから」という相談を受けることもあります。私はあまりお勧めしません。パート収入はなかなか安定しませんし、お子さんが熱を出したり、お子さんの学校行事などがあったりと、パートを休まざるをえないケースがあり、その際の収入は保証されないからです。

先にも書きましたが、くれぐれも、住宅会社や銀行に勧められるまま、「なるほど、その手がありましたか！」と安易に奥様の収入を計算に入れた家づくりをしないようにしてください。

3000万円借りた場合のボーナス併用払いの比較

ボーナス払い	月返済額	ボーナス月返済額	返済額総額
なし	115,455円	0円	48,490,768円
併用	69,273円	278,068円	48,559,063円

35年返済、金利3%、ボーナス払い分を40%（1,200万円）とした場合

ポイント②ボーナス払いの併用はどう考えるべきか？

住宅ローンの返済では、「毎月払い」に加え「ボーナス払い」を併用することができます。そのメリットは借入額が同じ場合、年2回のボーナスが出る月の返済額を多くすることにより、毎月の返済額を減らせることです。

たとえば、3000万円の住宅ローンを固定金利3％、返済期間35年の条件で借りたケースで考えてみましょう。ボーナス払いを併用する場合としない場合では、毎月の返済額は上のように変わります（上表参照）。

おわかりのように、ボーナス払いを併用することによって、その気になれば毎月の返済額をかなり減らすことができます。ボーナス月の返済こそ多くなってしまいますが、毎月の返済はかなり余裕ができるように感じられる方もいるでしょう。

しかし、これも、私はお勧めしていません。ある程度ボーナスが約束されている公務員の方は別ですが、ボーナスは会社の景気に左右されて増えたり減ったりしますし、まったく出ないこともあるからです。

家づくりの資金計画にボーナスも計算に入れるなら、ボーナスの半分は家族の楽しみに使い、残り半分は繰り上げ返済の資金として貯金するような考え方のほうが堅実です。

ポイント③自己資金なしで家を買っても本当に大丈夫?

「自己資金なしで家を買っても、本当に大丈夫なのでしょうか?」

これは最近、私がよく相談されるようになったことです。

以前だと、家を購入する際には、物件価格の2割程度の自己資金を用意する必要があるとされていました。以前は住宅ローンが物件価格の8割程度までしか組めなかったからです。

しかし、いまでは、住宅ローンにも100%ローンの商品があり、物件価格の満額のローンを組むことも可能になりました。「自己資金なしでも、いまなら家を買える！」と強調する広告も目立つようになっています。

ただ、いっぽうでは、「自己資金なしに家を買うのは危ない。せめて300万円は必要」という意見の専門家がいるのも事実です。300万円の内訳には、引っ越し費用、住宅会社に支払う手付け金など、ほぼ300万円あれば賄えるという数字です。

「え？　住宅会社に支払うお金は住宅ローンで賄えるんじゃないの？」

と思われるかもしれません。結果的にはそうです。しかし、一つ知っておいていただきたいのは、住宅ローンは、建物がおおかた出来上がって、建築審査に通った段階でないと支払われません（これを「融資の実行」と言います）。

また、建築費用の支払いは、材料調達の都合もあるため、通常、契約時、着工時、上棟時、引き渡し時などのように3回ないし4回にわたって支払うことになります。

一部資金の支払時期は融資の実行に合わせるなどの調整もできる場合がありますので、住宅会社とよく相談してください。それでも、契約金など、多少の支払がありますので、それに充てるためにも自己資金は必要だということなのです。

ですから、一般の方が、

「自己資金なしで家を建てても本当に大丈夫なのか、それとも自己資金を貯めるまで家づくりは待つべきか……」

と迷われるのも無理はないでしょう。

では、自己資金については、どのように考えればいいのでしょうか？

自己資金のあるなしで大きく違ってくるのは、住宅ローンを借りたあとに支払う利息や毎月の返済額です。

自己資金のある／なしで変わる返済額

自己資金	借入総額	月返済額	返済額総額	差　額
300万円	2700万円	103,909円	43,641,816円	―
0円	3000万円	115,455円	48,490,768円	4,848,952円

予算3,000万円、35年返済、金利3%の場合

たとえば、３０００万円の家を購入するとして、固定金利３％、返済期間35年の条件で住宅ローンを借りたケースで比較してみましょう。３００万円の自己資金を用意した場合と自己資金なしの場合では、返済額や総予算はそれぞれ上の表のようになります。

このケースでは、自己資金のあるなしで借入額が３００万円違うために、毎月の返済額が約１万２０００円違ってきます。

また、自己資金なしの場合には、支払う利息が約４８５万円も増えてしまいます。これも大きな差だと感じる方が少なくないでしょう。

では、家づくりをはじめるのは自己資金が貯まるまで待ったほうがいいのでしょうか？

その答えも一概にはどちらと言えません。自己資金なしで、いますぐ家を建てるメリットもいろいろあるのですが、いっぽうで積極的にお勧めできない理由もあるからです。

5年かけて自己資金300万円を貯めた場合

自己資金	借入総額	金利	総返済額	家　賃	総費用
0円	3000万円	3%	48,490,768円	0円	48,490,768円
300万円	2700万円	3%	43,641,816円	300万円	49,641,816円
300万円	2700万円	4%	50,210,295円	300万円	56,210,295円

家の値段3,000万円、35年返済の場合。家賃は月5万円で計算

まず、自己資金なしで家づくりをするメリットです。

たとえば、上のケースで300万円の自己資金を貯めようと思えば、仮に毎月5万円貯めることができても60ヶ月かかります。その間に賃貸アパートに住み続けたなら、家賃が月5万円だったとしても、全部で300万円の家賃を払うことになります。仮に金利が上がっていなかったとしても家づくりの総費用（＝総返済額＋自己資金＋家賃）は115万円ほど多くかかります（上表中段）。

ただ、いまは金利が異常に安い時期です。繰り返し述べてきたように、金利はこの先、必ず上がります。5年（＝60ヶ月）かけて自己資金300万円を貯め、いざ家を建てようとしたときに仮に金利が1％上がっていたら、どうなるでしょうか？

右の例と同じように3000万円の家を建てるとして、35年返済で固定金利4％の条件で住宅ローンを借りたら、返済額や総予算は

前ページ表の下段のようになります。

自己資金を貯めずに家を立てた場合に比べ、これはかなり大きな差です。何しろ、支払う利息だけでも172万円、自己資金が貯まるまでに払い続けた家賃も踏まえた家づくりの総予算は772万円も違うのです。現実的には5年もあれば、金利が2、3%上がっていたとしてもおかしくありません。その場合、この差はさらに拡大することになってしまいます。

さらに子育て世代のご家族なら、自己資金が貯まるまで家づくりを待てば、その分、家を建てた後にマイホームでお子さんと過ごす期間が短くなってしまいます。自己資金を貯めるのに5年かかれば、マイホームでお子さんと過ごせる期間が5年短くなるということです。子育て期の5年がどれほど大きい年月かは言うまでもないでしょう。

このように金利の低い時期なら、自己資金を貯めずに家を建てるメリットは本当にいろいろあるのです。ですから、「自己資金が貯まるまで待ったら、家づくりは絶対に損です！」という住宅会社の営業マンのセールストークも決して間違ったものではないのです。

でも、私は自己資金なしで家を建てることを積極的に勧めません。

それは、自己資金を用意できない方というのは、家計に何か問題がある場合が多いからです。

実際、私のところに家づくりの相談にこられる方のなかには、年収が500万円くらいあるのに、貯金がほとんどないような方もいます。資金計画で家計をチェックさせていただくと、案の定、無駄遣いが慢性化しているのです。

そういう方から自己資金なしで家づくりをしたいと相談されても、私は申し訳ないことですが、お断りすることもあります。500万円くらい年収があれば、もちろん住宅ローンは問題なく借りられますが、家計の無駄を省けないと、住宅ローンで破綻する可能性が高いのです。

ここでも繰り返しになりますが、自己資金なしで家づくりをする際には、ライフプランを踏まえた資金計画をより慎重に厳密に固め、家を建てた後にはその計画を必ず実行していただかなければならないということです。

住宅ローンは金融機関の主力商品

◎「貸してもらう」から「借りてあげる」という感覚で臨もう

最後に、住宅ローンを借りる際の心構えについて一言述べておきましょう。
私のところに相談に来られる方で、こんなことを言う方がいます。

「いや、住宅ローンについてはよくわかった。でも、銀行を選ぶも何も、うちの場合は住宅ローンを組めるかどうかが問題なんだけど……」

まずは家を建てようと思い、ここは信頼できると思う住宅会社が見つかったら、率直に相談してみてください。住宅会社は、さまざまな住宅ローンの情報を持っています。健全で信頼のおける住宅会社であれば、あなたが最適なローンを探すお手伝いをしてくれるはずです

（信頼できる住宅会社の見つけ方は後章で詳しく述べます）。

また、「住宅ローンが組めるかな」と思う方は、少し考え方を変えてみましょう。

というのは、住宅業界にいるとよくわかるのですが、銀行はどこもいま住宅ローンを貸したくて仕方ないのです。あなたが銀行から「お金を借りたい」と思う以上に、銀行はあなたに「お金を貸したい」と思っているのです。なぜなら、住宅ローンは銀行にとって、「儲かる商品」だからです。

銀行がそのように考えるようになったのは、景気が悪くなってからのことです。この不況のなか、銀行は以前ほど企業にお金を借りてもらえなくなり、企業にお金を貸したら貸したで、返ってこないことが増えました。いわゆる「不良債権」です。

そこで、企業相手の融資では儲けられなくなった銀行は、住宅ローンに目をつけたのです。

企業相手の融資に比べれば、個人相手の住宅ローンは一件あたりの融資で銀行が得られる儲けは少額です。ただし、銀行にとって住宅ローンは回収がラクで、取りっぱぐれがない金融商品なのです。土地や住宅が担保になりますし、返済が滞れば債権回収会社に債権を譲渡して、貸付金額は回収します。

ですから、銀行はどこもいま、「一件一件は少額でも、たくさん貸せば儲かる」というスタンスで住宅ローンの融資に力を入れています。

ひと昔前までは、金融機関というのは官公庁並みに暦どおりに休んでいましたよね。しかし、いまはどこも「ローンセンター」を立ち上げ、土日祝日も住宅ローンの相談にのっています。金融機関側からいえば、住宅ローンの相談に来るお客様の便宜をはかってということになりますが、それだけ多くのお客様に貸したいからこそ、営業時間を拡大しているのです。

また、一人でも多くの人に住宅ローンを貸したいと銀行同士で競争するなか、いまは全体的に住宅ローンの審査もかなり甘くなっています。以前なら、家の値段の2割程度の自己資金を用意できないと住宅ローンを組めないのが一般的でした。しかし、いまは家の値段の全額を銀行から借りることもできるのです。

そんな状況ですから、銀行からお金を「貸していただく」という意識の方は、今日から「借りてあげる」という意識に変えるようにしてください。銀行同士の競争が激しくなる中でお得な住宅ローンも増えていますが、自分に最適なローンを見極めるためには「借りてあげる」という意識で検討することが大切です。

それでも、「借りてあげる」という意識になれない謙虚な方は、先ほど見た、利息分の金額を思い出してください。

2000万円を3％で借りても（35年）、利息を1233万円も支払うのですよ。金融機関は何もせずにそれだけ利益を上げるのです。

消費税の計算とは違います。消費税（8％）であれば総支払額は2160万円です。消費税額は160万円です。でも、住宅ローンは複利計算になりますので、借入残金に対してその都度金利がかかるために、総額3233万円もの返済になるのです。

そんなあなたが、銀行から「お金を貸していただく」という意識で住宅ローンを検討するのは、そもそもおかしなことなのです。

住宅業界では、家づくりとは、「家」を買うのではなく「住宅ローン」を買うようなものだと言われています。あなたが家を建てる際、家を建てるのはあくまで住宅会社ですが、家を誰から購入するかというと、実際は銀行から購入するようなものだということです。

ですから、どの銀行で、どんな住宅ローンを借りるかということは、どの住宅会社で、どんな家を建てるかということ以上に大切です。

家そのものに多くのお金をかけるならともかく、銀行に多くの利息を支払っても得することは何もありません。

第3章

家づくりに本当にかかるお金の話

日本の家は高い？

◎家づくりは他人《ひと》任《まか》せではダメ

私は、私のところに家づくりの相談にくる方には、家の希望や理想を聞く前にまず、「ライフプラン」や「資金計画」の話からはじめるようにしています。それは繰り返し述べてきたように、家を建てた方がいつまでも安心してマイホームで暮らしていけるためにです。

でも、じつはそれだけではありません。私がお金の話からはじめる理由はもう一つあるのです。それは、家を建てる方には、家づくり自体を心から楽しんでほしいからです。

私自身、この仕事に長くかかわってきてつくづく思うのですが、家づくりはとても楽しいことです。それは実際に建てている大工さんや現場監督、建築士などだけの楽しみではなく、施主さんにとっても楽しいものです。初めての体験でもあり、お金の心配もありますから最初は表情も硬い方が多いのですが、それでも「家を建てるんだ！」というワクワク感は隠せません。そう、皆さん、楽しみなのです。

だったら、最初にもっとも大きなお金の不安を解消してしまえば、もっと家づくりを楽しむことができる！　たとえば、最初にライフプランを踏まえた資金計画をしっかり固め、家づくりにかけられる予算が全部で３０００万円だとわかったとしましょう。そうなれば、あとはその予算内で最高の家づくりを目指せばいいだけです。

そして、家づくりが楽しみになれば、他人任せではいられなくなります。

「ああしたい、こうしたい」
「見学会に行ってみよう！」
「今日はどこまで出来上がっているだろう」
「大工さんと話してみたい！」

そんなふうに楽しみにして、プランづくりにも積極的になれますし、現場にも積極的に足を運べるようになります。

じつは、家づくりに失敗する大きな要因の一つが「他人任せの家づくり」なんです。どういうことかというと、〝あなたの夢のマイホーム〟づくりにもかかわらず、

「素人が口出ししないほうがいいよな」

「プロの住宅会社に任せれば大丈夫だろう」

「お金のことは銀行の言うとおりにすれば間違いないよね」

「住宅会社が大丈夫って言うから問題ない……」

あれあれ、これまで何度も言ってきた〝失敗のプロセス〟に近づいてきましたね。

最初にしっかり資金計画が固まっていないと、「家族が幸せになる」という家づくりの目的も忘れがちになります。たとえば、「予算はだいたい3000万円くらいかなあ」と漠然と考えているような方の場合だと、

「いや、一生に一度の家づくりですから、後悔しないように」

という営業マンの言葉にグラリときて、必要以上に豪華な設備や住宅会社が売りたいと思っているプランに手を出してしまうかもしれません。こうしてどんどんオプション工事や追加工事が加わっていくのです。その結果、

「営業マンは調子のいいことを言っているけど、最終的にいくらくらい請求されるのかなあ……３０００万円に収まればいいけど、まあ、３２００万円くらいまでは覚悟しないといけないだろうなあ……でも、さすがに３５００万円とか言われてしまうときついかなあ……」

最初に資金計画をしっかり固めておかないと、家の理想や希望を住宅会社の担当者と相談していても、おそらく頭の中はこんな感じになってしまうでしょう。あなたの家のことを他人が決めていく。まったく他人のペースで進んでしまうのです。

これでは、せっかく一生に一度の家づくりを心から楽しむことはできません。

さらに、「他人任せ」は家族の話し合いにも同じことが起きます。

「家のことだから、普段家にいる妻が満足いくようになればいいよ」

だから、

「お前に任せる」

一見、奥様思いの発言かもしれませんが、本当に家族の幸せにつながる家づくりができるかどうか、疑問です。家族の幸せは家族みんなで育んでいくもの。奥様一人が頑張ってできるものではありません。そして、「家を建てれば幸せになれる」というのも幻想です。

家族みんなで〝夢のマイホーム〟づくりに没頭する、楽しむ。

そのためにも、「家づくりはまず、お金の話から！」なのです。

◎注文住宅の値段は高くて不透明？

すでにライフプランを踏まえた資金計画の立て方はおわかりいただいていると思います。実際に家づくりをする際も「ライフプラン→家計の見直し→資金計画→プランづくり」という流れで話を進めれば、きっと家づくり自体を心ゆくまで楽しめることでしょう……と、断言したいのですが、まだ断言することはできません。

それというのも、家づくりの資金計画の立て方はわかっても、あなたの心のなかにはまだ、家づくりに関するお金のことで不安が残っているはずです。私がそのように思うのは、世間ではいまだに注文住宅に対して、「高い」とか「値段が不透明」というイメージを持っている人が少なくないからです。

「だって、実際そうでしょう」

そう思われた方もおそらくいるでしょうね。注文建築を手がける人間としては残念ですが、それは認めざるをえないことです。注文住宅が「高い」、「値段が不透明」というのは、ある意味、事実といえば事実だからです。

私は、注文住宅とは本来、

「こだわるところはこだわり、そうでないところはコストダウンも可能で、予算内で自分たちの価値観を形にできる家」

だと思っています。そして実際、そのような家づくりをしているつもりです。

いえ、私だけではありません。私と同じような考えで注文建築に取り組んでいる工務店は全国に数多く存在します。そのことからも、注文住宅とは、決して「高い家」ではなく、まして「値段が不透明な家」でもなく、「予算内で価値観を形にできる家」だと私は確信を持って言えるのです。

でもいっぽうで、注文住宅に関する「高い」、「値段が不透明」という昔からのイメージは、いまも根強く生き残っています。

なぜ、そんなことになっているのでしょうか？

一つには、先ほども書いたように、住宅会社任せの家づくりとなってしまい、住宅会社の言うがままに家を建ててしまうためです。住宅会社としては、利益率の大きな設備や仕様を売りたがります。「中程度のシステムキッチンでいいわよ」と言っても、「いや、一生のことですから、ここは最新でグレードの高いシステムにしておいたほうが、のちのち後悔しませんよ。あとから入れ替えることになると、よけいにお金もかかります。いまなら100万円プラスすればいいだけですから」と、グレードアップを勧められることになるのです。

「それなら断ればいいだけだろう」と思われるでしょうが、これがなかなか難しい。こうしてグレードアップやオプション工事が度重なれば、嫌でも価格は上がります。だからこそ、資金計画を立て、家づくり予算を固める作業をするのですが、「うちは予算は○○万円です。それ以上は出しません」と言い切れるご家族はそれほど多くはないのです。

さらに問題なのは、住宅業界の構造自体が「注文住宅は高い」というイメージをつくりあげているということです。

「高い」というイメージについては、大手ハウスメーカーの注文住宅のイメージがそのまま注文住宅のイメージになっているからでしょう。

大手ハウスメーカーの注文住宅の場合、自分たちの希望どおりの家をつくろうと「オプション工事」を追加していけば、広告では「坪単価40万円」の家が、すぐに坪60万~80万円くらいの価格になってしまいます。「オプション工事」という言葉の意味はのちほど説明しますが、坪単価が60万~80万円なら、40坪の家でも総額は2400万円~3200万円です。土地の購入も考えれば、3000万円程度の住宅ローンを組める人でも手を出すのが難しいでしょう。

それでも「高い」と思う大手ハウスメーカーの家を希望するのは、

「家は一生に一度の買い物だから、大手ハウスメーカーでないと安心できない」

という施主さん側の思考なのです。「高い」のは「安心料」ないしは「（安心の）ブランド料」だというわけです。

いっぽう、注文住宅の「値段が不透明」というイメージについては、住宅業界では常識となっている「坪いくら」という価格の表示方法に問題があります。この価格表示方法は、そもそもドンブリ勘定である上、安く見せるために手心を加える余地がいろいろあるからです。

そのため、たとえば「坪25万円」という格安の価格表示でお客様を集め、実際には「坪45万円」くらいで売りつける……そんな商法も平気でまかり通っているのが現実です。これでは、注文住宅に「値段が不透明」というイメージがあるのも仕方ないでしょう。

しかし、先にも述べたように注文住宅とは、決して「高い家」や「値段が不透明な家」のことを言うのではありません。本来、「予算内で価値観を形にできる家」のことを言うのです。

そこでこの章では、注文住宅に関する誤解を解き、この本を読まれている方が安心して家づくりを楽しめるようにするために、住宅価格のカラクリを明らかにしていきましょう。

なぜ家は高くなるのか？

◎モデルハウスは見せるための家

「注文住宅はやはり、自分たちの予算では無理かもなあ」

家づくりを考えた方が最初にそんな気持ちになるのは、多くの場合、住宅展示場に見学に行ったときです。そこには、大手ハウスメーカーの「豪邸」と形容するほかない立派なモデルハウスが存在感を競い合うように立ち並んでいます。

住宅展示場というのは本来、家づくりを考える人が「家の実物」を見て、自分たちの家づくりの参考にするためにあるはずです。

でも、大手メーカーのモデルハウスを見て、実際に自分たちの家づくりの参考になる人はマレでしょう。おそらく芸能人やスポーツ選手、大手企業の重役クラスなどの高級セレブな人たちだけです。

それはなぜか？

まず、大手ハウスメーカーのモデルハウスというのは、大きさからして凄いのです。

何しろ、どのモデルハウスも当たり前のように80坪くらいあります。子どもが２人の子育て世代の家族なら、家づくりは35坪、４ＬＤＫくらいから検討するのが一般的ですが、その倍以上の広さがあるということです。

家全体が広いだけに、大手ハウスメーカーのモデルハウスはトイレが一階と二階の両方にあるのが当たり前です。なかには、ご主人憧れの書斎や奥様専用の化粧室（パウダールーム）が両方用意されているようなモデルハウスもあります。さらに設備類も最新で、最高級のものがふんだんに投入されています。

家の設備類が充実していれば、たしかに嬉しいでしょう。でも、浴室にテレビがあるくらいならともかく、ｉＰｏｄをつなげれば音楽が聴ける設備まで浴室にほしがる人が世の中にいったいどれほどいるのでしょうか……。

こうした大手ハウスメーカーのモデルハウスはある意味、「夢のおうち」です。普通の方の家づくりには何の参考にもなりません。しかし、はじめからそのつもりで見学に行かないと、「家とはこういうもの」というイメージが刷り込まれてしまう人もいるのです。

「自分たちの予算で、こんな家が本当にできるのだろうか……」

モデルハウスが一般的な注文住宅だと勘違いしてしまうと、そんなふうに自分たちの家に本来必要ないものまで必要なような気がしてきます。そうしたことから、家づくりを考える方がモデルハウスを見て、「注文住宅は高い」という誤解をしてしまいがちなのです。

もちろん、住宅展示場に行くこと自体は決して悪いことではありません。

しかし、大手ハウスメーカーのモデルハウスを見学する際には、「自分たち家族には何が必要で、何が必要でないか」を注意しながら見学するようにしてください。そうしないと、「注文住宅は高い」という誤解をするとともに家づくりに無駄に高いお金をかけることになりかねないからです。

もっとも、当の大手ハウスメーカーとしても、モデルハウスのような家を一般の方に買ってほしいと思っているわけではありません。あれはあくまで、「住んでもらうため」ではなく、「見せるため」に建てられている宣伝用の家に過ぎません。

大手メーカーのモデルハウスだと、坪単価は当たり前のように100万円はするでしょう。80坪なら8000万円くらいするということです。そんな家しかないとなると、さすがに大手メーカーも商売になりませんから、一般の方に売るための家は坪40万円〜60万円くらいから用意しているのです。

◎標準仕様とオプション

ただし、それはあくまで「標準仕様」の家の場合です。

注文住宅とはいっても多くの場合、間取りや設備、内外装などが何も決まっていないゼロの状態からつくり上げるわけではありません。たいていは間取りや設備、窓や収納の数などの「標準仕様」が決められています。その標準を超え、家の一部を変更したり、何か設備を足したりすると、「オプション工事費」という別料金が加算されていくのです。

この「オプション工費費」は、たとえば、窓の位置を少しずらしたり、照明を好みのものに変えたりすると、そのたびに発生します。大手ハウスメーカーのモデルハウスで見かける最新で、最高級の設備類なども欲しいと思えば、すべて「オプション工事費」が必要です。モデルハウスを基準に考えると、家づくりに無駄に高いお金をかけてしまいかねないのはそのためです。

いずれにせよ、大手ハウスメーカーで家づくりをする場合、自分たちの希望を叶えようとすればするほど、この「オプション工事費」によって最終的な家の価格はどんどん高くなっていきます。そして坪40万円の家が坪60万円に、坪60万円の家が坪80万円になってしまうのです。

では、こうした大手ハウスメーカーの価格帯が、注文住宅の「相場」なのでしょうか？

決して、そんなことはありません。

いまは「安くていい家」をつくろうと、コストダウンに熱心に取り組む工務店が全国的に増えています。そうした工務店に相談すれば、大手ハウスメーカーに比べてはるかに安く家づくりをすることは可能なのです。


「でも、大手ハウスメーカーと町中の工務店では、信用や保証が違うから100万円や200万円の価格差があっても当たり前では？」


そういう考え方の人もいるでしょうね。でも、そうした「安心料」の差が100万円や200万円ならともかく、600万〜800万円にもなったらどうでしょうか？ そして、その差額は、そもそもほんとうに「安心料」なんでしょうか？

注文住宅は本来、一軒一軒の家が間取りも設備もすべて違いますから、価格の単純比較はできません。ですからあくまで概算ですが、大手ハウスメーカーと工務店では、同程度の家を建ててもそれくらいの価格差はすぐについてしまうのです。

「内容が何も違わないのに、そんなに価格が違うわけないだろう?」

「いや、やはり大手の技術料だろう」

何事もブランドや知名度で判断される方はそう思われるかもしれませんね。では、どうして値段に差がつくのか、それは住宅価格のカラクリがわかれば理解してもらえると思います。

◎「有名な会社なら安心」「小さな会社は危ない」という誤解

町中の工務店には、大手ハウスメーカーと同等以上の品質の家をはるかに安くつくれるところがいくらでもあります。そう言っても、すぐには信じられない方が世間には少なくありません。そういう人は、単なるブランドや知名度の違いだけを根拠にこんなふうに言うのです。

「町中の工務店と大手ハウスメーカーの家では、使っている材料も大工の腕も違うだろうから、値段も違って当然だろう」

でも、残念ながら違います。まず第一に、大手ハウスメーカーの家を建てているのは地元の工務店、地元の大工さんです。もちろん「大工の腕が違う」なんてことはありません。第2章でも書いたように、私はこの業界に下請けから入りました。年間70棟ほど建てていましたが、その中には大手ハウスメーカーの下請けの仕事もありました。でも、私が大手ハウスメーカーの社員だったわけではありません。工事を請け負って建てていたのです。その私が言うのだから間違いありません。

そして現場を見てきた私がお伝えできること、それは「材料も変わりません……むしろ、地元の良心的な工務店のほうがいい材料を使っている」ということです。

材料については、町中の工務店は大手ハウスメーカーほどには材料を大量に仕入れることはできません。仕入れは量が多いほど単価が安くできるのが経済の道理ですから、

「町中の工務店は材料の大量仕入れができないから、材料費を安く抑えるには材料の質を落とすしかないはずだ」

と言う方もいらっしゃるでしょう。

実際は年間の施工数がある程度以上ある工務店なら、材料メーカーとの交渉や他の工務店との共同仕入れ、現金払いなどのコストダウンの努力によって、より安く材料を仕入れることを積極的に行っています。地元の工務店の家が大手ハウスメーカーの家に比べて安い理由は、決して悪い材料を使っているからではありません。工務店なりにコストダウンの努力をして、材料費を安く抑えているのです。

高級料亭が食材の産地を偽装したり、大手食品メーカーの賞味期限のごまかしが相次いで

発覚するなど、世間ではもはや、「高いものがいいものだ」、「大手なら安心だ」という神話は崩壊しつつあります。

そんな時代にあっても、家づくりに関してはいまも、「有名な会社なら安心」、「小さな会社は危ない」と思い込んでいる人が少なくないのです。

でも、それも仕方のないことかもしれません。

なぜなら、家づくりは普通、一生に一度しか経験できないことだからです。つまり、大手ハウスメーカーと工務店の両方で家を建て、両方の家に住んだ上で比べることはできません。ですから、どうしても判断がブランドイメージに頼りがちになるのでしょう。

◎現場見学会に行ってみましょう

そういう方にお勧めしたいのは、地元の工務店の現場見学会に足を運んでみることです。

工務店では、大手ハウスメーカーのように住宅展示場に立派なモデルハウスを出展していません。そのかわり、実際にその工務店で建てた人の家を見学できるような見学会を用意しています。それに一度足を運べば、工務店の家が決して「安かろう、悪かろう」の家ではないことがわかるでしょう。むしろ、「この家がこの値段でできるのか……」と感心することが多いはずです。

私の経験から言えば、見学会にきた方がよく驚くのが自然素材をふんだんに使っていることです。自然素材というと、一般の方には「高い」というイメージがあるため、自然素材をいっぱい使っていると驚かれるのです。

でも、私に言わせれば、自然素材に「高い」というイメージがあるのがそもそも間違いです。自然素材を使うだけでオプション工費費を取る住宅会社があるため、「自然素材を使うと家づくりは高くつく」と一般の方が誤解しているだけのことなのです。

もちろん、一口に自然素材といっても種類はいろいろです。たとえば、同じ無垢《むく》材でもヒノキなら、やはりイメージどおりに値が張ります。いっぽう、同じ無垢材でもスギなら、値段は普通のフローリングと変わりません。スギというのは、日本では山に行けばいくらでも生えている木ですから、そもそも値段が高くなるはずがないのです。

ではどうして600万円以上もの差が出るのでしょう？　そこには、じつは別の大きな理由があるのです。

◎家づくり以外にかかる経費がある⁉

大手ハウスメーカーで家をつくると、なぜ高くつくのか……？

その謎を解く鍵は何より「原価率」にあります。ここでいう原価とは、材料費や職人の手間賃など、家をつくるのにかかる金額のことです。売上げに占める原価の割合が原価率ですが、ハウスメーカーと工務店の原価率はそれぞれ次のとおりです。

・ハウスメーカー　60％
・工務店　80％

この20%の原価率の違いが、住宅価格で大きな差になっているのです。

仮に原価（材料費、手間賃、運搬費など、現場で家を建てる費用）が同じ1600万円だったとしましょう。原価率を勘案すれば、ハウスメーカーの家は2670万円、工務店は2000万円となります。670万円の差が出ますね。

原価率が20%違うと、同じ原価の家の価格がこんなにも大きく違ってくるのです。

いっぽうで、逆に同じ2000万円を支払うとしたら、あなたの家にかけられる原価はいくらになるでしょう？　大手ハウスメーカーでは1200万円、工務店では1600万円ですね。先ほど、「むしろ工務店のほうがいい材料を使っていることもある」と書いたのはこれが理由です。

では、大手ハウスメーカーと工務店では、なぜ原価率が20%も違うのでしょうか？

大手ハウスメーカーには、家の原価により多くの粗利益を上乗せしなければならない事情があるからです。

それは営業経費、人件費、広告宣伝費などです。あなたの家の原価以外に、これらの費用があなたの家の値段に上乗せされているからです。

大手ハウスメーカーの場合、本社の下に全国に支社があり、住宅展示場に立派なモデルハウスを構えています。1棟5000万円以上もかかるモデルハウスがたくさんあります。しかも、最新の設備や流行に合わせて、数年ごとに建て替えなければなりません。この経費は、この会社で家を建てるお客様が負担します。

さらに、営業マンや設計をする建築士をはじめ、膨大な数の社員を抱えていますから、人件費も工務店とはケタ違いです。そしてこれら大勢の社員が入るビルの経費もかかります。もちろん、これらの経費も、この会社で家を建てるお客様が負担します。

しかも、大手ハウスメーカーの家とはいえ、実際に家をつくるのは地域の協力工務店などの下請け業者ですから、そのマージンも家の原価に上乗せしなければなりません。

さらに、テレビＣＭや新聞、雑誌を使っての広告宣伝費も年間に膨大に投入しています。

つまり、そうした諸々の膨大な費用が売上原価に上乗せされ、大手ハウスメーカーでは家の価格が高くなっているのです。

一方、工務店の場合はどうでしょうか?

工務店は一般的に住宅展示場にモデルハウスを出展していませんし、高給取りの営業マンを抱えているわけでもありません。広告宣伝費は通常、新聞の折り込みチラシやホームページなどですので、工事費の1～3%程度です。テレビCMを流すようなことはありませんし、写真集のような豪華なパンフレットもつくりません。だから工務店は、原価率が80%でも問題なく経営していけるのです。

こうして住宅価格のカラクリを知ってみると、注文住宅の「高い」というイメージは、誤解に過ぎないことがよくおわかりいただけるでしょう。

家の値段を不透明にする建築業界のカラクリ

◎家の値段を不透明にする元凶は「坪いくら」という価格表示

大手ハウスメーカーの家が「高い」と思われている理由の一つは家以外にかかる経費でした。でも、大手ハウスメーカー、地元の工務店の区別にかかわらず、まだまだ家の価格については疑問がありますよね。それはこんな疑問です。

「大手ハウスメーカーの注文住宅はたしかに高いけど、注文住宅の価格が不透明なのは大手ハウスメーカーだけの話ではないのでは……」

たしかに、そのとおりです。

注文住宅の価格が不透明というのは、大手ハウスメーカーに限った話ではありません。ローコストをウリにする工務店やフランチャイズ系の住宅会社の多くについても、価格が不透明というのは等しく言えることです。

週末ともなると、住宅会社の折り込み広告が多数届いているはずです。そのなかによく見かけるのが、「坪25万円！」などという格安の坪単価をウリにするチラシです。

こういうチラシを見ると、「怪しいな」と思いながらも、こんな皮算用をしてしまうのが人情です。

「坪25万円なら、40坪の家を建てても1000万円で済むのか……」

その住宅会社に頼めば、本当にその値段で家が建つのかと言えば、残念ながらそうはいきません。そういう広告の金額は、家をつくるのに必要な全体の工事費の一部である「本体工事費」の、そのまた一部を表示しているに過ぎない場合が多いからです。

「チラシを見たら安いと思ったんですが、実際に話を聞きに行くと、チラシの値段は本体工事費だけの値段みたいで……いやあ、だまされました」

こんな話は日常茶飯事です。

ここで出てきた「本体工事費」とはなんでしょう?

聞き慣れない言葉かもしれませんが、これに含まれるのは一般的に基礎工事から屋根や内外装の工事までの費用です。つまり、これだけでは住める家になりません。実際に家に住めるようにするためには、この本体工事費に加え、ガスや水道、トイレ用の下水道の引き込み工事、電話工事、照明器具の取りつけ工事……などなどにかかる「付帯工事費」や「別途工事費」が必要です。

もう一つ付け加えておくと、私は「一般的に」と書きましたが、どこからどこまでを「本体工事」とするかは特に決まっていません。各社の裁量です。極端な話、「柱と屋根は別途」としてもルール違反にはなりません! これでは怪しすぎてお客様は来ないでしょうから、そこまで極端な表示はしませんが、「住めない家」という点では同じです。

率直に言えば、格安の坪単価を表示している広告は多くの場合、「おとり広告」です。実際より安く家がつくれると錯覚するような価格をあえて表示をしてお客を集めているのです。

そのため、「坪25万円！」のチラシに期待して、その住宅会社に話を聞きに行ったものの、「実際に住めるようにするためには別途４００万円くらい必要です」などと言われ、がっかりして帰ることになるのです。

「住宅業界の人は、そういうことをおかしいと思わないのでしょうか？」

そう聞かれたら、私も「そう思います」と言わざるをえません。

そもそも、同じ40坪の家でも真四角の家とL字型の家では、同じ手間、同じ材料でつくれませんから、価格が違うのが当然です。窓やドア、収納の数などによっても、原価は当然異なってくるのです。

あらかじめ「標準仕様」を設けなければ、そもそも家の価格を「坪いくら」という基準で表示すること自体が不可能だということです。でも変ですよね？　注文住宅というのは、施主さんの希望を現実にするための家づくりのはず。施主さんによって、希望・要望はそれぞれ違うはずです。なのに坪単価表示をする。

つまり、先に述べたように、住宅業界で常識になっている「坪いくら」という価格表示の慣習が、注文住宅の価格を不透明にする温床になっているのです。坪単価はあくまで目安です。しかも、住宅会社によって含まれる内容に違いがありますから、これを比べることは意味がありません。あなたが比べるべきは「引き渡しまでの総費用はいくらか」なのです。

しかし、この総費用についてもわかりにくいのです。本体工事費以外にいったいどんな費用かかかり、総費用はどのようにしたら比較・計算できるのでしょうか？

◎見積書のカラクリ

実際、家が建ち、そこで生活できるようになるまでには、どんな費用がかかるのでしょう？必要な費用はだいたい以下のようになります。

【工事費】

・本体工事費
・オプション工事費
・屋外給排水工事費
・電気・ガス工事費
・外構工事費
・地盤改良工事費（必要であれば）
・電話・インターネット引き込み、アンテナ工事費
・冷暖房工事費

また、工事費以外にも以下のような経費がかかります。

【諸経費・諸費用】

・建築確認申請費用

・第三者保証費用
・工事中の火災保険費用
・工事管理費用
・地盤調査費用
・工事請負契約時の印紙税

このなかには、住宅会社によって見積り金額に含まれる経費と含まれない経費があります。中には「地盤補強工事費用」のように、調査した結果不要になるものもありますが、ほとんどは必要な費用です。

こうした諸経費が見積り金額に含まれるか否かで総費用は変わってきますので、注意が必要です。たとえば、

・諸経費は見積り金額にすべて含まれる坪単価35万円のA社
・坪単価を33万円と表示しているが、別に諸経費を10％とるB社

という2つの住宅会社があったとしましょう。

それぞれの会社で40坪の家を建てたとします。

A社の最終的な金額は1400万円（35万円×40坪）です。

これに対し、B社は工事費だけなら1320万円（33万円×40坪）ですが、これに10％の諸経費132万円を加算すると、最終的な金額は1452万円になります。

つまり、坪単価で2万円安いB社のほうが最終的な金額は52万円高くなってしまうのです。

諸経費を見積金額に含まないのがいけないことかというと、決してそんなことはありません。これが大昔からのやり方ですし、大工や役所などは、諸経費を別にした見積りを好みます。

ただ、家を建てる人にとって大切なのはあくまで「最終的な金額はいくらになるか」ということで、坪単価ではありません。

家の価格を検討する際には、「坪いくら」という価格表示に惑わされないように気をつけてください。

◎安心なのは「標準仕様」がなく「詳細見積り」を出す会社

「坪単価にそんなにごまかしが多いとなると、いったい何を信じたらいいのでしょうか？　やはり注文住宅は、値段が不透明というしかないのではないでしょうか？」

「こんなに値段がわかりづらければ、やはり注文住宅はやめて、建売住宅を購入することを検討したほうがいいかもしれませんね」

ここまでの話に、もしかしてそんなことを思われた方もいるでしょうか？

そういう気持ちになるのもわかりますが、「注文住宅の値段は不透明」と決めつけるのはちょっと待ってください。

たしかに注文住宅の価格を「坪いくら」で表示し、実際の見積額や最終的な引き渡し額が不透明なままに高くなるのは住宅業界の慣習です。でも、そういう業界の慣習に背を向け、「予算内で価値観を形にできる家」こそ注文住宅だという信念を持ち、実際にそういう家づくりをしている住宅会社もいっぱい存在するのです。

では、そういう住宅会社を見つけるには、何を基準にすればいいのでしょうか？

とても簡単なことです。標準仕様を定めず、窓やドアの数、照明、柱の1本1本の値段まで積算された「詳細な見積り」を出す会社を探せばいいのです。

「詳細見積り」を見れば、家のどこにどれだけのお金がかかったか、どこをどう変えればいくら値段が変わるのかを明確に把握できます。

その上で予算をオーバーしていれば、「予算内に収めるためにこの窓を小さくしよう」などという調整が可能ですし、逆に予算に余裕があれば、「照明をもっといいものにしよう」という変更も可能になります。

標準仕様がなく、詳細見積りを出す会社なら、こうやって予算内で自分たちの暮らしにぴったり合う家ができるのです。

ただ、こんなことを言うと、今度は逆に、

「標準仕様がないと、設計や工事に手間もかかりそうだし、そのぶん家の値段は高くなるのでは……」


という不安を持たれる方もいるかもしれませんね。

それは、誤解です。標準仕様がないことにより、逆に家づくりのコストダウンがはかれることが多いのです。その仕組みを説明しましょう。

標準仕様がないメリット①不必要なものを押しつけられずに済む

標準仕様がある住宅会社だと、標準仕様のなかに「不必要なもの」が入っていることがあるものです。

たとえば、カーテンや照明器具が標準仕様に含まれていることをウリにしている住宅会社もありますが、「カーテンや照明器具はいま使っているものをそのまま使いたい」「カーテンや照明器具は新築祝いとして、もらえるアテがある」という人にとっては、むしろカーテンや照明器具は「標準仕様に入ってないほうがありがたいもの」です。

また、標準仕様のカーテンや照明器具が好みでないことから、他の商品に変えようとすると「オプション工事費」をとられるようなこともあるのです。それだったら、最初から標準仕様などないほうが、コストダウンをはかれるのです。

標準仕様がないメリット②間取りの自由度が高い

標準仕様がなければ、間取りの自由度も当然高くなります。それは、自分たちの価値観を形にしやすいメリットだけでなく、コスト的なメリットもあることです。

たとえば、あなたが50インチくらいの大きなテレビを持っているとしましょう。標準仕様があった場合、そのテレビをリビングに置くには窓やドアの位置を少しずらす必要が出てくることもあります。そうなると、窓やドアの位置をずらして「オプション工事費」を払うか、いっそのことテレビを買い換えるかという選択を迫られることになります。

しかし、標準仕様がなければ、間取りも自由ですから、逆にそのテレビをリビングの好きな場所に置けるように窓やドアを配置することも可能です。標準仕様がなければ、窓やドアの位置をずらして「オプション工事費」を払うようなことは当然ありませんし、もちろんテレビを買い換える必要もないのです。

また、間取りの自由度が高いということは、部屋を狭くして、そのぶん使う材料を減らすというコストダウンも可能です。

たとえば、標準仕様で夫婦の寝室が8畳だった場合、「ただ寝るだけだから、寝室は6畳でもいいのに……」と思っても、畳2枚分減らすにはオプション工事費がかかります。いっぽう、標準仕様がなければ寝室は最初から6畳にできますから、余分な2畳分の材料費を支払う必要がないのです。

標準仕様がないメリット③不必要な収納もつけずに済む

家づくりをする際、収納を多くしたいという希望を持つ人は少なくありません。そのため か、標準仕様で収納の多いことをウリにする住宅会社もありますが、逆に収納が多くなると、そのぶん居住空間は狭くなります。

持ち物が少ない家族なら、逆に収納を減らしたほうが居住空間を広くできる上、収納を減らすことによりコストダウンもはかれます。

たとえば、クツやカバン、洋服といった衣類の数、家電製品の数、台所用品の数など、所有物の量に合わせて、収納の数や大きさを調節しても、標準仕様がなければオプション工事費は発生しないのです。

こうしてみると、標準仕様がないことにより、予算内で自分たち家族の価値観を形にする家づくりができる上、コストダウンもはかれることがおわかりいただけるでしょう。

そもそも、家族によって子どもの人数や年齢も違えば、趣味やライフスタイルも違います。それなのに、標準仕様で自分たちの暮らしに合う家ができるでしょうか?

ある程度、家族の暮らしを犠牲にすることを覚悟すれば、標準仕様のある住宅会社で家をつくり、購入価格を安く収めることも可能でしょう。オプション工事をほとんどせず、建売住宅に近い家を購入すれば、最終的な金額は安くなるからです。

しかし、「予算内で自分たち家族の暮らしに合った家をつくりたい」という人なら、標準仕様などないほうがいいのです。

標準仕様がないデメリット

一方、標準仕様がない場合、デメリットとしては、住宅会社との打ち合わせが増えるなど、手間がかかることです。一から家づくりをするのですから、住宅会社と相談する回数は当然増えるのです。また、窓やドアの数、柱の1本1本まで積算した詳細見積りは、一般の方には難しく、理解するのに苦労します。

ただ、それらのことについて、標準仕様がないデメリットと考えるかどうかはその人次第でしょう。

「手間や労力をかけても、自分たち家族の暮らしに合い、価値観を形にできる家をつくりたい」

「家づくり自体をじっくり楽しみたい」

そういう人ならば、住宅会社との打ち合わせの回数が増えることなど、きっと何の苦にもならないどころか、むしろ楽しみになるでしょう。詳細見積りを見ながら詳細な家づくりの計画を練っていけば、きっとワクワクするはずです。

予算内で納得のいく土地を見つける方法

◎土地よりも家づくりプランが先!?

ところで、家づくりの際には、多くの方が家だけでなく土地も購入します。読者の方にもそういう方が多いかもしれません。そして実際にいま、土地探しで苦労している方もいるのではないでしょうか?

私がそう思うのは、家づくりをする人はほとんどの場合、まずは土地探しからはじめるのですが、希望する地域で予算内で収まる土地を見つけるのは一般的に難しいことだからです。

ただ、あなたがいま、まだ土地を見つけられていなくても、まずは先行して家づくりの計画を進めることを私は勧めます。

「でも、土地が見つからないと、家を建てることができないのでは……」

そうですね。でも、家づくりというのは、土地より家を優先して計画を進めたほうが成功しやすいのです。

その理由はいくつかあります。

一つ目の理由は、家を購入してから家族が暮らすのは、「家の中」であって、「家の外（土地）」ではないということです。家を建てる際には場所も大切ですが、家族の暮らしにより深く関わるのは、あくまで家なのです。

実際、自分以外の家族の家に招かれて、「いい家だなあ」と言う人はいても、「いい土地だなあ」と言う人はあまりいないものです。昔から「住めば都」という言葉があるように、人間はどこで暮らしても、場所には馴染みます。でも、家の中は暮らしに直接関わるため、納得いかない部分を残すといつまでも気になるものなのです。

ですから、家づくりにかけられる総予算が決まったら、

①住宅会社で家づくりの相談をし、家をつくるのに必要な見積りを出してもらう
②総予算から家にかける予算をのぞいた残りの金額で購入できる土地を探す

という順番で話を進めたほうが満足のいく家づくりができるのです。

たとえば、あなたが家づくりにかけられる総予算が3000万円だとしましょう。この場合、家づくりの話を先に進め、住宅会社に出してもらった見積りが仮に1600万円なら、残りの1400万円で購入できる土地を探すのがいいということです。

この順番を逆にして、まずは土地を先に決めようとした場合、希望する土地がなかな

か見つからないと、当初の予算を超える高い買い物をしてしまいがちです。仮に土地が1800万円くらいかかると、家づくりに使えるお金は残り1200万円になってしまいます。このように、家より土地にお金をかけることになる事態を防ぐためにも、土地探しより先行して家づくりの計画を進めたほうがいいのです。

また、そうしたほうが希望に沿う土地が予算内で見つかりやすいのです。

というのも、先に述べたように希望する地域で、予算内で土地を見つけるのは難しいのが現実ですが、まずは「この会社で家を建てたいな」と思える住宅会社を見つけ、その住宅会社のサポートを受けながら土地を探したほうが、納得のいく土地が見つけやすいのです。

住宅会社には地元の不動産会社と頻繁に情報交換をしている会社があります。あなたが家の希望だけでなく土地の希望なども伝えておけば、多くの情報から、あなたに合った土地を紹介してもらえる可能性も高いのです。

不動産会社としても住宅会社からの紹介であれば、売れる確率が高いですからお互いにメリットがあるということです。

ここではいくつかの上手な土地探しのポイントについてもご紹介しましょう。

◎土地探しのポイント

ポイント①希望地域を少し広げ、少し時間をかけて探す

希望する地域で、予算内の土地がなかなか見つからないと、どうしても焦りが出てきます。でも、焦ると、ついつい予算より高い買い物をしてしまいがちです。

土地探しというのは、そもそも時間がかかるものなのです。ですから、そういうものだと割り切り、むしろ時間をかけて探すのが土地探しの成功のポイントの一つです。

具体的には、希望する地域を少し広げてみて、その地域内の土地情報をすべて集めた上で、何ヶ月か待ってみましょう。

すると、「この土地は少し予算より高いけど、もう3ヶ月も同じ価格で売り出されたままだな……」という土地が見つかります。こういう土地をいくつか見つけて価格交渉してみる

と、場合によっては200万円から300万円くらい安く購入できたりするのです。

それというのも、不動産会社としても、土地はできるだけ早く売りたいのが本音です。彼らも土地を購入する際に借金をしていますから、土地がいつまでも売れないと利息がかさんで困るという事情があるのです。ですから、何ヶ月も売れない土地というのは、不動産会社も値引きに応じやすいのです。

それにそもそも、土地の値段というのは基本的に、売り主が決めた「言い値」です。家の値段と違い、材料費や人件費などの根拠があって決まった値段ではありません。ですから、土地の値段というのは、そもそも価格交渉がしやすいものなのです。


ただし、その価格交渉は住宅会社に任せたほうが確実です。住宅会社なら、「上下水道が引き込まれていない」とか、「ガス管は入っているが、古いために交換が必要」などという土地の事情を調べた上で、不動産会社に値引きを求めることもできるからです。

そもそも、見つけた土地が一見良さそうに見えても、家の面積や高さなどに法規制もありますから、その土地に希望どおりの家が建てられるかは一般の方にはわかりません。そういう意味でも、住宅会社と家づくりの相談を先に進め、そのサポートを受けながら土地探しをしたほうがいいのです。

ポイント②建築条件がはずせないか交渉してみる

不動産会社にいくつか土地を紹介してもらうと、気に入った土地が建築条件付きだった、というのはよくある話です。

建築条件付き土地とは、不動産会社が土地を売るにあたって、一定の期間内に特定の住宅会社と建築請負契約を結ぶことを条件にしている土地のことです。

こうした建築条件付き土地について、不動産会社は、「間取りもフリープランでＯＫですよ」などと言いますが、実際は間取りが自由なだけで、設備などには標準仕様が決められているものです。つまり、建築条件付き土地を購入して家を建てるのは、「間取りだけが自由な建売住宅」を購入するようなものだということです。

しかも、こうした建築条件に従って家を建てた場合、その契約価格には、不動産会社の利益も上乗せされています。たとえば、「坪45万円」という価格設定なら、不動産会社は工務店に「坪38万円」くらいで家づくりを下請けさせ、一坪あたり7万円くらいの利益を得ているのです。

つまり、建築条件付きの土地に40坪の家を建てたら、280万円（7万円×40坪）くらいを余分に不動産会社の利益のために支払わなければいけないということです。


ただし、気に入った土地が建築条件付きだった場合、じつは建築条件をはずしてもらうことは可能です。不動産会社に交渉すれば、100万〜150万円くらい余分に払うことで建築条件をはずしてもらえる場合が多いのです。

建築条件をはずすためだけに、そんなに払うのは一見損なように感じる人もいるかもしれません。でも、建築条件のままに家を建て、不動産屋に280万円余分に払うのに比べると、どうでしょうか？

希望の家を建てられる上、100万円以上多くを家づくりの予算にできると思えば、建築条件付き土地を建築条件をはずして購入するのも悪くないやり方でしょう。

ポイント③変形地は狙い目

土地探しをするとき、一般の方は正方形や長方形の土地にばかり目がいきがちです。

でも、希望する地域で、予算内で土地を購入しようと思えば、意外とお勧めなのが変形地です。なぜかというと、「くの字型」や「三角形」などの変形地は、正方形や長方形の土地に比べて安く購入できる上、いろいろメリットがあるからです。

たとえば、変形地の場合、立地条件によっては隣の家との間隔が広くとれ、日当たりがよくなる場合があります。また、変形した部分をデザインに生かすことによって、かえって個性的な家づくりができるのです。

また、変形地に建てた家に実際に住んでみるとわかりますが、土地の形というのは、住んでいてもほとんど気にならないものです。家族が暮らすのはあくまで「家の中」ですから、間取りさえちゃんと理想どおりにできれば、変形地だからといって暮らし心地が悪いということはないのです。

標準仕様が決まっていて家の形に制限があったり、家の形を変えるにはオプション工事費が必要な場合、変形地はそんなにお勧めできません。しかし、標準仕様がなく、家の形の自由度も高い住宅会社で家を建てるなら、変形地を狙ってみるのもおもしろいでしょう。

メンテナンスの費用も考えておこう

◎家を建てた後に必要なお金

さて、住宅価格のカラクリもわかり、土地の探し方もわかったあなたには、家づくりにかかるお金のことで不安はもう何もありません。心ゆくまで家づくりを楽しんでいただきたいと思います。

ただ、最後にもう一つだけ、家づくりにかかるお金のことで知っておいてほしいことがあります。

それは、家は「建てたら終わり」ではなく、家を建てた後に必要なお金もあるということです。

どんなにしっかりつくった家でも、長く住み続けると多少なりともメンテナンスや修繕の必要が出てくるものです。それはたとえば、門扉などの鉄でできた部分のペンキの塗り替え、壁紙クロスや畳表の交換、屋根や外壁の塗り替えや防水の改修工事などです。

これらはすべてが高額工事というわけではありませんが、たとえば30年間でトータルすると、一般的に400万～500万円かかるとされています。

また、長い人生のなかでは、家族の構成やライフスタイルは変わります。それに合わせてリフォームの可能性が出てくることも考えておくようにしてください。

たとえば、お子さんが独立して子ども部屋が必要なくなれば、その空間をご主人の書斎や趣味用の部屋にリフォームするのもいいでしょう。また、夫婦が高齢になれば、廊下に手すりをつけたり、浴槽を浅くするなど、高齢者用に家をリフォームする必要が出てくることもあります。

このように家を建てた後もメンテナンスのためにお金は必要になります。ですから、家を新築する時から家族のライフプランを踏まえた上で、「いつ、いくらくらいのお金が家に必要か」を把握し、将来のリフォームも念頭に置いた貯蓄をするようにしてください。

「家づくりはいろいろお金で考えることが多くて、本当に大変だなあ」と思われた方もいるかもしれませんね。たしかに賃貸住宅で暮らし続けるのに比べ、マイホームを持つとお金のことで考えなければならないことは尽きません。

しかし、確実に言えることは、賃貸住宅は家賃を払い続けても何も残らないのに対し、マイホームは住宅ローンの完済後に「カタチ」として残るというメリットがあります。何年経っても資産価値のある家、子どもたちも住み継いでいける家を建てれば、トータルで得をする可能性が高いことは間違いありません。

次章では、そのためにはどういう家づくりをすればいいのかを一緒に考えてみましょう。

第４章
予算内で本当に価値のある家をつくるために

プランづくりは優先順位をつけること

◎まず「理想の家」のイメージを明確にしましょう

家づくりはとても楽しいことです。自分たち家族で考え、自分たち家族がつくった家で、自分たち家族が暮らす――その未来をあれこれと想像しただけで、幸せな気分になってくるものです。

「キッチンは絶対に対面式がいいわ」
「おれは書斎が欲しいなあ」
「リビングは、家族みんなが集まれるように広くしたいわね」
「それで、床暖房があるといいかもね」
「あと、家族でバーベキューができるようなウッドデッキもあると素敵よね……」

いまこの本を読まれている方も念願の家づくりを決心されたときから、そんなふうにご夫婦で家づくりの理想や希望を語り合っているはずです。家づくりに関するお金の不安が解消したら、理想のマイホームを形にするための具体的なプランニングをいよいよ始めましょう。

では、予算内で価値観を形にする家づくりをするために大切なことは何でしょうか？　それは、もうおわかりいただけていると思います。こだわるところにこだわり、そうでないところは最大限コストダウンすることです。ここまで述べてきたように、それができるのが注文住宅の最大のメリットです。

コストダウンというとなんだか後ろ向きのようですが、ムダなお金は使わないということ。そしてそのもっとも効果的な方法は、プラン、設備に優先順位をつけていくということです。家族が幸せに暮らすために必要なものは何か。それを家族みんなで話し合って決めていくことが、家づくりを楽しむ秘訣なのです。

ただ、家のどこにこだわり、どこをコストダウンするかは家族それぞれですが、やはりセオリーのようなものはある程度あるのです。

「わかりました。では、具体的にどこをどうコストダウンすればいいのでしょうか？」

はやる気持ちはわかりますが、ちょっと待ってください。

家づくりで何をコストダウンするかを考える前にまず、「理想の家」のイメージをしっかり固めるところから始めましょう。家のどこにこだわりたいかが明確にならないと、お金のかけどころ、省きどころも見えてこないからです。

また、家の理想や希望はいろいろあっても、「絶対に欲しいもの」「できれば欲しいもの」「あれば嬉しいもの」などの区別は、意外と自分たちでも明確にわかっていないものです。そういう状態で住宅会社に相談に行っても、いい相談はできませんから、まずはしっかり「理想の家」のイメージを固めることが大切です。

では、そのためにはどうすればいいでしょうか？

お勧めしたいのが、自分たちの家に何が欲しいかを思いつくままに「紙」に書き出してみることです。それというのも、「頭のなか」で考えているだけでは、意外と「理想の家」のイメージは明確にならないからです。

「思いつくままに希望を書き出したら、いくらでも希望が出てきて、とんでもなく高額な家になってしまいそうですが……」

家のプランニングをはじめた時点ではまだ、そんな心配は無用です。
実際に実現できるかどうかは気にせず、自分たちの家に欲しいものをとにかく紙に書き出してみましょう。そして住宅会社に家づくりの相談に行った際、プロの意見を聞きながらコストダウンの調整をすればいいのです。予算内で自分たちの理想や希望を実現する家づくりをするためには、それが一番効率的なやり方です。

ところで、この紙に書き出す作業は、家族みんなで相談しながら行うより、最初は家族一人一人が独自に家の希望を紙に書き出し、あとで紙を見せ合うやり方がお勧めです。そのほうが、一人一人が自分の希望を率直に告白しやすいからです。

一人一人が希望を書き出した紙を家族で見せ合うと、

「主人は家について、こんなことを考えていたのか……」

「子どもなりにいろいろ家に希望があるんだなあ……」

ということがわかって、おもしろい発見があるものです。家づくりのプランニングは、そういうふうに楽しみながらやっていきましょう。

また、家のプランニングの段階では、最終的に家づくりに反映させるかどうかは別として、子どもの意見もちゃんと聞いてあげるようにしてください。家は、家族全員の暮らす場所です。子どもも家族の一員として認めてあげることで、家づくりをきっかけに家族の絆は深まります。

◎絶対にコストダウンしてはいけない部分

さて、理想の家のイメージが明確になりました。あとは、こだわりたいところの優先順位をつけ、優先順位の低いところを的確にコストダウンしながら、価値観が形にできる家をつくれるようにプランニングを進めていきましょう。

ただ、その上であらかじめ、踏まえていただきたいポイントがあります。

それは、家の理想や希望は人それぞれとはいえ、家には、「絶対にコストダウンしてはいけない部分もある」ということです。

具体的なコストダウンの方法を説明する前に、まずは「絶対にコストダウンしてはいけない部分」を確認しておきましょう。

コストダウンしてはいけない部分①家の骨格部分

いつまでも安心して暮らすためには、家の骨格部分はコストダウンすることができません。住む人の命にかかわる部分だからです。

たとえば、家を建てる前に行う土地の地盤調査により、地盤の強度に問題があるとされた場合、地盤補強が必要です。地震などの災害時に倒壊しないようにするためには、地盤はしっかり補強しておくようにしましょう。

同様に、「基礎」、「土台」、建物の骨組みにあたる「構造」も家の強度に大きく関わるところです。いつまでも安心して暮らすために、材料費などはけちらないようにしましょう。

地盤や基礎、構造などは、「家を建てたあとでリフォームによって変えられない」という意味でも、最初にしっかりお金をかけておくことが大切です。

コストダウンしてはいけない部分②家の耐久性にかかわる部分

家づくりは「建てたら終わり」ではありません。どんなにしっかり建てた家でも、長く住み続けるなかでは、多少なりともメンテナンスの必要が出てきます。逆に言うと、構造的に強く劣化しにくい家を建てれば、家を建てた後の維持コストが安く抑えられ、長い目でみるとお得になるのです。

家の耐久性を高めるためにとくに大切なのが、屋根や外壁などの外回りです。太陽の日差しや雨、寒さなどから家を守るのが、こうした外回りだからです。

屋根や外壁などの外回りに耐久性の低い材料を使うと、かえって家を建てたあとの維持コストが高くなってしまいます。そうならないためにも、家の耐久性にかかわる部分については、無理なコストダウンはしないようにしてください。

コストダウンしてはいけない部分③維持・管理にかかわる部分

家のなかには、建物の寿命がくるより前に、寿命を迎えてしまう部分もあります。具体的には、給排水管、ガス管などです。つまり、これらの部分は家を建てたあとで、いつかは全面的な交換が必要になる時期がくるということです。

そこで、あとで交換の必要が出る部分については、家を建てるときから交換しやすいつくりにしておくのが原則です。また、こうした部分を少しでも長持ちさせるには、点検や清掃がしやすい工夫をしておくことも大切です。そうすれば、家を建てる際にお金がかかっても、家を建てたあとの維持コストが安く抑えられます。

たとえば、床下などにメンテナンスに必要なスペースを設け、床や天井に点検口や清掃口を設けておけば、あとで給水管や排水管の維持・管理がしやすくなります。

コストダウンしてはいけない部分④日照や通風にかかわる部分

家の日当たりや風通しは、住む人の健康にとって大切なことです。ですから、日照や通風にかかわる部分もコストダウンすることはできません。

逆に日当たりや風通しの良いつくりの家にすれば、冷暖房にかかる電気代やガス代を節約できますから、長い目でみたコストダウンにつながります。

具体的には、夏場により多くの自然の風が室内に入り、いっぽうで冬場にはより多く太陽の日差しや熱が入りやすくなるように窓などを配置し、垣根やひさしなどにも工夫をほどこします。室内の隅々まで空気が行き渡りやすくするためには、換気窓をつけるのも効果的です。

コストダウンしてはいけない部分⑤感覚的に気になる部分

家の住み心地に直結する部分もコストダウンすることができません。それはたとえば、断熱や防音にかかわる部分です。

とくに断熱については、これがしっかりしていると、暮らしはじめてから冷暖房のコストを抑えられます。基礎や構造などと同様、「あとからリフォームで変えられない」という点からも最初にしっかりお金をかけておいたほうがいいでしょう。

ちなみに、断熱の工法は大きく分けて「内断熱」と「外断熱」がありますが、私はだんぜん、外断熱をお勧めします。工事費は内断熱より高いですが、外断熱には、家の柱や土台などの構造材を結露などから守る効果があります。つまり、外断熱のほうが家が長持ちするのです。

コストダウンしてはいけない部分⑥防犯にかかわる部分

どんなに暮らしに合う家ができても、防犯対策がしっかりしていないと安心して暮らせません。ですから、防犯にかかわる部分もコストダウンすることができません。防犯にかけるコストを惜しみ、万が一、泥棒などの被害に遭ってしまえば、そのほうが高コストになってしまいます。

たとえば、窓は鉄線の入った防犯ガラスや二重ガラスを使ったり、ドアホンをカメラ付きにすれば、防犯性は強化できます。そのほか、防犯センサーや防犯カメラなども泥棒の侵入を抑止する効果があります。

また、防犯には設計上の配慮も大切です。泥棒の侵入口になりやすい玄関や勝手口、リビングやトイレの窓は死角にならないように見通しの良い位置につけましょう。カーポートや門扉も、泥棒が2階に登る足がかりにならないような配置にしなくてはいけません。住宅会社で家づくりの相談をする際は、こうした点に配慮してもらうようにしてください。

以上、家づくりでコストダウンしてはいけない主な部分です。これらのことを踏まえた上で、家づくりには具体的にどのようなコストダウン方法があるか、これから説明していきましょう。

上手な間取りプランでの節約術

◎間取りで上手にコストダウンする方法

家づくりをするなか、絶対に妥協してはいけないのが間取りです。家をいったんつくってしまうと、いくら間取りを変更しやすい構造の建物であっても、間取りを変えるには相応のコストがかかるため、気軽にちょこちょこ変更できないからです。

そのため、間取りに関しては、新しい家での生活をしっかり想像し、納得いくまでとことんシミュレーションしてみることが欠かせません。

間取りづくりは、敷地のどこに、どんな形の建物を配置し、道路から玄関までをどうアプローチして、家のなかで家族がどんな暮らしをするのか——という全体的な動線から考えます。その上で生活の場を想像し、人の動きやコミュニケーションのあり方を考え、部屋の配置や窓の位置、家具や家電製品の置き場所、収納の位置や大きさなどを考えていくのです。

そして、このように納得のいく間取りをとことん考えることは、コストダウンのためにも大切なことです。間取りを工夫することによってコストダウンできるポイントがいろいろあるからです。具体的にいくつか紹介しましょう。

間取りポイント①間仕切りの少ないオープンな間取りにする

部屋数が多くなれば、そのぶん壁やドアなどの材料費がかかり、工事の手間も増えてしまいます。そのため、なるべく部屋数を減らしてオープンな間取りにしたほうがコストダウンにつながります。

たとえば、ＬＤＫをワンルームにしたり、一つの子ども部屋をパーテションで仕切って複数の子ども部屋にするなどの工夫によりコストを下げることができます。また、リビングの一角に階段があるリビング階段にすれば、階段をつけるのに必要な廊下のスペースを省くことができるぶん、コストが安く抑えられます。

住み心地の点から考えても、オープンな間取りは生活空間が伸びやかで快適です。間仕切りのない広い部屋を採光や風通しのいい場所に配置すれば、家族が集まりやすい開放的なスペースにもなります。リビング階段なら、子どもが帰宅しても気づかないということもありませんから、常に家族の気配を感じながら暮らすこともできます。

間取りポイント②動線をコンパクトにまとめる

動線をコンパクトにまとめた間取りにすれば、暮らしが快適になるとともにコストも安く抑えられます。

そもそも動線とは何でしょうか？　ここでいう動線とは、家のなかで人が移動、行動する軌跡のことですが、具体的には次の3つがあります。

・家事動線
日常的な家事にかかわる動きを示す動線です。具体的には、キッチンや洗濯機の置き場所、洗濯物の干し場所などを結んだ線です。

・生活動線
起床してから就寝するまでに生活のなかで行き来する動線です。具体的には、寝室や子ども部屋から階段、玄関、リビング、トイレ、バスルームなどを結んだ線です。

・来客動線

来客があったとき、家のなかでのお客さんの動きを示す動線です。具体的には、玄関やリビング、トイレなどを結んだ線です。

間取りづくりの際には、これらの動線が混線しすぎていないかを検討しながら、それぞれの移動距離が短くコンパクトになるように考えるのです。

動線がコンパクトにまとめられた間取りなら、床面積自体をコンパクトにすることもできるため、そのぶん材料費や工賃が安く抑えられます。また、水回りなどを一カ所にまとめることによって配管工事が簡略化されるのもコストダウンにつながります。

さらに動線がコンパクトにまとまった間取りの家なら、そこで暮らす人の動きもスムーズで、効率的になります。そのため、家を建てたあとで照明や家電に必要な電力も安く抑えられ、長い目で見たコストダウンの効果もあるのです。

間取りポイント③将来的な暮らしの変化に対応できる間取りにする

予算内で価値観を形にする家づくりをするためには、「暮らし始めてからできることは後回しにする」という選択肢もあります。

たとえば、子どもが2人いても、子どもたちが小さいうちは子ども部屋は1つでもなんとかなるものです。ですから、最初は子ども部屋は1つにしてコストダウンをはかり、子どもたちが成長してから間仕切りを設けて2つの部屋にする手もあります。

その場合、最初は部屋は1つでも、あとから2つの部屋にすることを念頭において、ドアは最初から2つつけておく必要があります。このように将来的な暮らしの変化に対応できる間取りにすることにより、コストダウンをはかれるのです。

◎形をシンプルにすることによってコストダウンする方法

家の形はシンプルであればあるほど、コストダウンがはかれます。

それというのも、同じ床面積の家でも、正方形に近い家と凸凹の多い家では、凸凹の多い家のほうが多くの壁材が必要になります。それは単純に壁の表面積が増えるからだけでなく、材料にロスも出てしまうからです。それに加え、凸凹の多い家だと、職人の作業量も増えます。そうしたことから、家の形はなるべく凸凹の少ないシンプルなつくりにしたほうがコストダウンをはかれるのです。

では、具体的にどのような形の家なら、コストダウンがはかれるのでしょうか?

たとえば、1階と2階が同じ面積の「総二階建て」は、コストパフォーマンスの高い家の形です。凸凹が少ないのに加え、一階部分の屋根も不要なため、材料費や工事の手間をかなり省くことができるからです。

それに総二階建ての家なら、構造的にシンプルなため、建物の強度を確保しやすいというメリットもあります。耐震や耐久性にすぐれ丈夫であるため、家を建てた後の維持コストも安く抑えられるのです。

また、家の形をシンプルにするためには、屋根の形も大切なポイントです。

屋根は形が複雑になったり、勾配が急になるほど面積が増え、工事も難しくなってコストが上がります。コストダウンの観点から言えば、勾配のゆるやかな切妻屋根が一番です。凸凹が少なく、雨水の進入経路が少ないため、雨漏りしづらいというメリットもあるからです。つまり、工事費だけでなく、維持コストも安く抑えられるのです。

このように家の形をシンプルにするコストダウン方法は、家の性能を損なわずにコストだけを抑えられるのがいいところです。家の外観がシンプル過ぎては寂しいと思う場合、植栽などを使ってアレンジするという手もあります。そのような柔軟な発想をすることもコストダウンのためには大切です。

◎設備類は家の本質的な価値とは無関係です

家づくりを考えたとき、多くの方が欲しいと思いこだわるのが最新の設備類です。たとえば、世の多くの奥様は家づくりの際、キッチンの最新設備機器などに関心が向かいます。一方、ご主人には、仕事の疲れをほぐしてくれるジェットバスなどを欲しがる方が多い傾向があります。

住宅設備類の最新商品は、安定した価格で流通している既存品より割高です。しかも、住宅の設備類は技術の進化が早いため、最新の設備類は何年かのちには古臭さがかえって目立つようになってしまいます。それにそもそも、設備類は取り替えることができますから、家本来の価値とは何も関係がないものです。

つまり、設備類は消耗品のようなものなのです。予算が際限なくあれば別ですが、限られた予算のなかで価値観を形にする家をつくろうと思えば、最新の設備類にこだわるのはあまりお勧めできません。

家のつくり手の立場から言うと、キッチンはなるべく奥様の希望どおりにしてあげたい部分です。なぜなら、世の多くの奥様にとって、家づくりのなかでキッチンはぜひ希望を叶えたい「夢」の部分だからです。

とはいえ、最新の設備類をふんだんに投入して500万円のキッチンをつくったからといって、500万円の料理が出せるわけではありません。最新の設備類にお金をかけるなら、もっと家の本質的な価値にかかわる部分（前述したコストダウンしてはいけない部分など）にお金をかけるのが原則です。

設備類にこだわるなら、最新の機能より耐久性やメンテナンスのしやすさを基準に選ぶのが賢い選択です。そのほうが長い目で見たコストダウンにつながります。

◎材料費でコストダウンする方法

内外装の素材は、家の雰囲気やイメージを決定づけるので、家づくりのなかでもとくにこだわりたい部分でしょう。

内装、外装ともに素材には多くの種類がありますが、いつまでも快適に暮らせる家をつくるには、素材選びを慎重にしたいところです。耐久性もあるしっかりした素材を選ぶことにより、家を建てたあとでメンテナンスが必要になる機会も減り、長い目で見たコストダウンにつながります。

ただ、家づくりでコストダウンするには、材料のムダを省くことも考えなくはいけません。具体的に言うと、内外装の素材はできるだけ種類を限定したほうが、コストダウンがはかれます。内外装も素材の種類をいろいろ使いすぎると、素材のムダだけでなく、工事の手間も増え、コストが高くついてしまうのです。

そのため、内外装の素材選びについては、こだわるところはこだわりつつも、なるべく同一素材を多用するのがコストダウンのポイントです。たとえば、壁や天井、床は面積が広いため、多くの材料を使います。こういうところで同じ材料を使えば、大きなコストダウンがはかれます。

内外装の素材を限定することにより味気なさを感じるようなら、植物やインテリアなどによって、雰囲気を変えることもできます。ここでもやはり、コストダウンのためには柔軟な発想が大切です。

◎収納のプランニングでコストダウンする方法

収納については、間取りと一緒に考えるのが基本ですが、収納のプランニングにもコストダウンのポイントがあります。

たとえば、ウォークインクローゼットやパントリー（大型食品庫）などのような大型収納を設け、収納の数自体を減らせばコストダウンにつながります。材料費や工事の手間が省けるからです。食品庫のように扉がなくても大丈夫な収納については、扉をつけずにオープン棚にすることによって、さらにコストを抑えられます。

また、家づくりをする際には新たに収納家具をつくりつける方が多いですが、現在使っているクローゼットや食器棚などの収納家具を新居でも使いたいなら、それも合わせて使うことによりコストダウンがはかれます。その場合、すでに持っている収納家具が適当な場所に収まるよう、設計の段階で住宅会社に希望をよく伝えておくようにしましょう。

◎コストを抑えるには、自分たちで作業の一部をやる手も

家づくりのコストは一般的に、約半分が職人の手間賃です。そのうち、いくらかでも自分

たちで作業をやることによって、コストダウンをはかることも可能です。

「それは、何の技術もない私たちには難しいのでは……」

と思われる方もいるかもしれませんね。

でも、床の仕上げ塗りやワックスがけ、壁の塗装などは、職人のようにきれいにはできなくても、一般の方でもできないことはない作業です。塗装の跡などが多少でこぼこになっても、それが逆に味わいのように見えたりもするのです。

また、自分たちで家づくりの作業の一部をすれば、単にコストが抑えられるだけでなく、家への愛着が深まります。それに加えて、一生に一度の家づくりのいい思い出にもなったと、実際に多くの方が言われています。

「家づくりを楽しむ」という観点からも、自分たちで作業の一部をやってみるのはお勧めできるコストダウン方法です。

ただ、壁や床の仕上げを一般の方がやろうと思えば、下地の作り方などが変わってくることもあります。自分たちが作業をしたい場合、あらかじめ住宅会社に伝えておくようにしましょう。プロの視点から、適切なアドバイスもしてもらえるはずです。

◎諸費用の節約も考えましょう

第3章で紹介した諸経費・諸費用などのほかに、建築工事とは直接関係はないものの、以下のような費用も考えておく必要があります。

【その他費用】

・引っ越し代
・住宅ローンの保証料、事務取扱手数料など
・地鎮祭の費用
・上棟式の費用
・登記関連費用、火災保険料など

建築関係の諸経費とこうした諸費用は、「なんで、そこまでかかるの？」と思うかもしれませんが、全部合わせて100万円を超すことも珍しくありません。家の品質とは何も関係ないコストですから、なるべく節約したいところです。

たとえば、節約できる可能性があるのが、登記関係の費用や火災保険料です。

住宅会社によっては、「どこで頼んでも同じですから」とお抱えの司法書士、保険会社を紹介してきますが、その場合、住宅会社はたいていマージンを受け取っています。

「どこで頼んでも同じですから」と言われても、もっと安い費用で済む司法書士や、もっと安い保険料で済む保険会社がないか、自分で独自に探してみるのがお勧めです。

家族の将来像に対応した家づくりを

◎コストダウンもライフプランを考えて

以上、主なコストダウンのポイントを紹介しました。家づくりは人それぞれ、こだわりたい部分も人それぞれですが、ここまでに紹介したようなことを基本として、応用していくことで、予算内で価値観を形にする家づくりを実現してほしいと思います。

そこで最後にもう1つ、家づくりのコストダウンの大切なポイントとして覚えておいていただきたいことがあります。

それは、家づくりのコストダウンを考える際にもやはり、家族のライフプランを念頭に置いたプランニングをする必要があるということです。

たとえば、先にも少し触れましたが、子どもの人数や年齢は大切な検討要素です。

家づくりをされる方の多くは、子どもの成長をきっかけに家づくりを決意されます。その場合、子ども部屋はたとえ狭くせざるをえなくてもつくってあげたいところです。

ただ、そこで考えなければいけないのは、子どもの人数が今後増える可能性、子どもの成長に伴うライフスタイルの変化などです。

先ほどは、複数の子どもがいても、子どもたちが小さいうちは子ども部屋を1つにして、あとから複数に分けることをコストダウンの方法として紹介しました。子どもが1人しかいないご家族でも、子どもが今後増える可能性があるなら、やはり1つの子ども部屋をあとで複数に分けられるような手だてを講じておかなければいけません。


また、家づくりをするときにはまだ子育てに夢中だったご夫婦も、いつかは必ず高齢になります。自分たちが高齢になる前でも、高齢になった親を引き取って、一緒に暮らすことになる場合もあるでしょう。

つまり、長い目で見たコストダウンを考える場合、身体能力が衰えた高齢者でも住みやすいつくりにしておくことが大切です。長く住み続けられる家にするためにも、あとでリフォームの費用が大きくならないようにするためにも、これは欠かせない視点です。

たとえば、車椅子で通行できる程度の廊下の幅は最初から確保しておかないと、あとから工事で直すのは困難です。これは、家のなかの段差の部分についても同様です。

お風呂などの操作スイッチも操作手順が年配の人にもわかりやすいようにしておかないと、あとで高齢の親を引き取ることになった場合、直す必要が出てくる可能性があります。また、二世帯住宅の場合、親世帯が他界するなど状況が変化し、一世帯分が空いてしまうことがあります。そうなった場合には他人に貸すつもりなら、最初から二世帯の共有部分がない完全分離型のつくりにしておく必要があります。逆にあとで一世帯向けにリフォームしたければ、それがしやすいつくりにしておかなければいけません。

このように家づくりのコストダウンは、家を建てたあとの生活の変化も念頭に置き、長い目で見たコストダウンをはかれるようにプランニングする必要があります。ライフプランをしっかり考えることは、そのためにも欠かせないことなのです。

「家づくりは本当に考えることがいろいろあって大変ですね。予算のことだけでも大変なのに、そんなに先の先のことまで考えないといけないなんて……本当に私たちにできるでしょうか？」

そんな不安を持たれた方もいるかもしれませんが、ご安心ください。家づくりで成功するためには、自分たちが正しい予備知識を身につけておくことも大切ですが、家づくりはつくり手である住宅会社との共同作業です。

信頼できる住宅会社に出会うことができれば、あなたの意見をしっかり採り入れてくれた上で、予算内で価値観を形にする家づくりを実現してくれます。

そこで次の章では、信頼できる住宅会社選びのポイントをお話させていただきましょう。

第５章
家づくりも人生も楽しむための住宅会社選び

実際に建てた住宅を見て会社を決めよう

◎家づくりは依頼主と住宅会社の共同作業

ここまでの段階で、ライフプランを踏まえた資金計画の立て方、住宅価格のカラクリ、家づくりでコストダウンする方法などがわかりました。でも、家づくりで成功するためにはもう一つ、何より大切な課題が残っています。

それは、あなたの家づくりを頼む住宅会社の選び方です。

どんなに家づくりの基本的な知識が身についても、信頼できる住宅会社に巡り会えなければ、予算内であなたのご家族の価値観を形にする家づくりはできません。逆に信頼できる住宅会社に巡り会うことができれば、あなたの家づくりは成功したも同然なのです。

じつを言うと、本当に信頼できる住宅会社なら、この本でここまでにお話してきたこともすべて一から丁寧にアドバイスしてくれるはずです。

信頼できる住宅会社なら、たとえば資金計画についても、あなたの家族が住宅ローンを返済しながらでも人生を楽しめるような詳細なプランを提案してくれるはずです。その上で、予算内であなたの家族の理想や希望を実現した家をつくるため、さまざまなアイディアも出してくれるでしょう。

「それなら、最初から住宅会社の選び方だけ教えてくれたらよかったのでは?」

そうですね。でも、それは違います。なぜなら、信頼できる住宅会社を選ぶには、あなたに家づくりに関する基本的な知識が欠かせないからです。

それに、家をつくるのは住宅会社ですが、家で暮らすのはあくまであなたです。あなたが理想の家のイメージをしっかり固め、理にかなった要望を伝えないことには、住宅会社もあなたにとって本当に「いい家」をつくることはできません。

そういう意味でも、やはり家づくりに関する基本的な知識、とくにお金にまつわることは事前に知っておくべきなのです。

実際、私のいままでの家づくりの経験でも、「家を建ててよかった」と言ってくださる方はどなたも「家を買う」という感覚ではなく、「家を一緒につくっていく」という感覚でした。

もちろん、私たち家のつくり手はプロとして、家づくりの経験を重ねるなかで知識や見識を養い、技術を高め、施主さんに最高の家を提供できるように日々努力するのは当然です。

しかし、家は、つくり手と住む人が希望と知識を共有した上で、時にはアイディアを出し合い、時に一緒に悩みながら答えを見つけ、共同作業でつくり上げていくものです。それに加え、つくり手と住む人が一緒に家づくり自体を楽しむことが、住みよい家をつくるためには欠かせないことなのです。

ここまでの話で、家づくりに関する基本的な知識をあなたは身につけました。

そこで、この章ではいよいよ、家づくりにとって一番大切なこと、あなたの「真のパートナー」になりうる住宅会社の探し方、選び方をお話させてもらいます。

◎住宅展示場や現場見学会に行く際の注意点

では、あなたの家づくりの真のパートナーになりうる住宅会社はどのように探したらいいのでしょうか？

家づくりを考えられた方の多くが最初に行われるのが、住宅情報誌やインターネットなどによる情報収集です。いまは大手ハウスメーカーだけでなく、地域の工務店の多くも自社のホームページを開設して情報提供しています。気になる会社があれば、ホームページから資料請求してみるのもいいでしょう。

いっぽう、新聞の折り込みチラシも見逃せない情報源です。地域に密着した家づくりの情報が多く、建築する場所も特定できるなど、より具体的な情報が載っているからです。

ただ、いくら情報収集しても、住宅会社の良し悪しはそれだけではわかりません。家づくりの真のパートナーを見つけるためには、実際にその住宅会社が建てた家を自分の目で確認し、その会社の担当者と話してみた上で見極めることが大切です。

そのために用意されている場が、大手ハウスメーカーなら「住宅展示場」、地域の工務店なら「現場見学会」です。ある程度の情報収集が進んだら、家づくりの真のパートナーを探すためにぜひ足を運んでみてください。その会社が建てた家を実際に見ながら、会社の担当者と話をして、家づくりの真のパートナーになりうる会社かどうかを検討してください。

ただ、その際には注意しなければならないことがあります。

それは、住宅会社の家を見せてもらうときには、自分が建てるだろう家と同程度の家を参考にするということです。同じくらいの坪数、同じくらいの仕様の家を参考に暮らしのイメージをつくらないと、実際に家が建ってから「こんなはずではなかった……」とギャップを感じ、後悔してしまうことになりかねないからです。

これは、とくに住宅展示場で大手ハウスメーカーのモデルハウスを見学する際には気をつけてほしいことです。先述したように大手ハウスメーカーのモデルハウスはあくまで「見せる」ために建てられた「夢のおうち」です。それを見て、「これが家というものなのだ」と思い込んでしまうと、実際に家づくりをするときにムダな出費をしてしまいかねません。

そういう意味では、住宅会社で家を見せてもらう際にはあらかじめ「自分たちが欲しいものは何なのか」ということを明確にしておくことも大切です。前章でお話させていただいた「希望を紙に書き出す作業」の話を思い出してください。住宅会社の家を見せてもらう前にぜひ、この作業を行っておくようにしてください。

さらに、資金計画できちんと予算を割り出しておくこと。「うちの予算は○○万円です」とはっきり言えることがベストです。そうすれば、住宅会社の営業マンに勧められるまま、本来必要でないものまでオプションで追加してしまうような失敗は防げます。

住宅展示場や現場見学会に足を運ぶことは、信頼できる住宅会社を見つけるためには欠かせないことです。ですが、家の理想や希望がよく固まらないうちに訪ねると、思ったより割高な家を購入して後悔するような事態になりかねません。そうならないように事前に家への考えをよく整理しておくようにしてください。

◎住宅会社の現場見学会で「聞くべき」ポイント

工務店の現場見学会には、大きく分けて「完成見学会」と「構造見学会」の2種類があります。

完成見学会とは、実際にその工務店が施主のために建てた家を完成後、引き渡し前に見学できるというものです。いっぽう、構造見学会では、上棟式が終わって内装工事に入る前の時期に、まだ柱や梁などの構造体が見える建築中の現場を見学できます。いずれの見学会も、実際に販売されている家が見学できるので、現実的な部屋の広さや質感、間取りがわかるのがいいところです。

ただし、工務店の現場見学会は通常は上棟の直後か、引き渡し前のわずかな期間しか開かれません。そのため、参加するためには情報収集が必要です。

工務店の現場見学会の開催情報は、地元の工務店のホームページや新聞の折り込み広告、ポスティングされるチラシなどで入手できます。参加を考えられている方は、開催情報を見逃さないようにしっかりアンテナをはっておくようにしてください。

では、現場見学会に参加した際、信頼できる住宅会社かどうかを見極めるためには何をチェックすればいいのでしょうか？

家の構造や設備、仕上げの丁寧さなども見学のポイントですが、一番大切なチェックポイントはその住宅会社の家づくりに対する姿勢です。

現場見学会に足を運んだら、現場で実物の家を見ながら、

「家のなかで、施主さんの理想や希望を叶えたのはどの部分か？」

「施主さんの理想や希望を叶えるために、具体的にどんな工夫をしたのか？」

などについて、ぜひ担当者に聞いてみてください。返ってくる答えで、その会社の家づくりに関する熱意を知ることができるでしょう。

そういう質問に対し、

「ここところがお客様のこだわられた部分で、そのこだわりを実現するために、こういう工夫をしています」

と、具体的な答えが返ってくる会社なら、家づくりの真のパートナーになりうる会社です。

逆にそういう答えが具体的に何も返ってこないようなら……その住宅会社で家づくりをすることは考え直してみたほうがいいかもしれません。

そしてできれば、そういう質問は現場見学会の際、現場の大工さんたちにも直接ぶつけてみてください。家づくりが成功するかどうかは、最終的には建築現場の職人たちに左右されるものだからです。

どんなに設計がよくても、職人たちの仕上げがよくなければ台無しです。そういう意味でも、現場の職人たちに話を聞くことは大切ですし、それができるのが現場見学会に足を運ぶ大きな意味の一つなのです。

◎住宅会社の現場見学会で「見るべき」ポイント

建築中の家を見ることができる構造見学会では、ぜひ自分の目でしっかりチェックしていただきたいポイントがあります。ここさえ見れば、いい仕事ができる住宅会社か、そうでない住宅会社かを簡単に見極められるというポイントがあるのです。

それは、具体的には次の2点です。

①現場がきれいか?

現場がきれいに整理整頓されているかどうかということは、その住宅会社の良し悪しを見極めるひじょうに重要なポイントです。なぜなら、きれいな現場は、その現場がきっちりと管理されていることの証《あかし》だからです。

工事の手順が整っていて、職人たちが自分は何をやるべきかを把握できていれば、家づくりの現場はきれいになります。そして、現場の職人たちの間でやるべき仕事が明確になっていると、仕事の効率も当然上がり、余裕も生まれます。これは、いい家ができるために欠かせないことです。

反対に、現場が雑然としている住宅会社では、いい仕事は期待できません。それは、単に仕事の効率が悪いことだけでなく、その会社がお客様の家を大切にしていないことを示しているからです。

②隠れてしまう部分の仕事が丁寧か?

基礎や構造体、断熱などは、家が完成すると隠れてしまいますが、先に「コストダウンしてはいけない部分」として挙げたようにひじょうに大切な部分です。ここを丁寧につくっていれば、あとの部分は仮に何か問題が生じたとしても、まだやり直しをすることができます。

そして、考えたくもないですが、こうした見えない部分こそ、悪質な業者が手を抜く部分でもあるのです。もっとも重要な部分で手を抜く。こんな会社とはおつき合いしたくないですよね。構造を見せられる会社なら、そういう部分にも自信を持っていると見て間違いないでしょう。

ですから、構造見学会に参加したら、このような「家ができたら隠れてしまう部分」が大切に作業されているか、しっかりチェックするようにしてください。それは、住宅会社の良し悪しを見分ける大きなポイントになります。

こういう部分については、専門的な知識がなければ、作業の良し悪しを見分けるのが難しいと感じられる方もいるかもしれません。でも、そんなに難しい話ではありません。

こうした見学会は1社だけでなく、複数の住宅会社の現場見学会に参加して見比べてみることです。技術的な細かいことはわからなくても、作業が丁寧に行われているかどうかということは、いくつかの住宅会社の現場を見比べれば、意外と簡単に判断できるようになるからです。

いい工務店はこう選べ

◎いい工務店を見つける3つのポイント

限られた予算で自分たちの価値観を形にするような家づくりをめざすなら、やはり大手ハウスメーカーより、地域の工務店が適しています。

もちろん、大手ハウスメーカーでもコストダウンを重視した家づくりはできますが、その場合、オプション工事の追加は何もしないか、ほとんどしないくらいの「割り切り」が必要です。「標準仕様の規格商品」でもいいから、大手ハウスメーカーのブランドや安心感が欲しい方なら、それも限られた予算で満足のいく家を手に入れる選択肢の一つです。

いっぽう、地域の工務店が「自分たち流の家」をつくるのに適しているといっても、工務店にもいい会社とそうでない会社は当然あります。

では、いい工務店か、そうでない工務店かを見分けるためには、どういう点がポイントになるのでしょうか?

主に以下のような3つのポイントがありますので、ぜひ参考にしてください。

①社長以下、社員も地元の人間で、地域に密着した会社であること

地域の工務店は、地元での評判が生命線です。地元で悪い評判がたってしまうと、会社が成り立っていかないからです。そのため、社長以下、社員が地元の人間で、地域に密着した会社であるか否かは工務店の良し悪しを見分けるポイントになります。

地域に密着した工務店なら、完成後もメンテナンスやリフォームはもちろん、些細なトラブルにも迅速に対応してもらえるのも大きなメリットです。

②自社施工をする会社で、専属の大工を抱えていること

一口に工務店と言っても、設計は建築家や設計事務所に頼み、施工だけを請け負う会社もあれば、独自に設計から施工まで行い、家づくりをトータルで手がける会社もあります。では、予算内で自分たちの価値観を形にする家づくりができるのは、どちらのタイプでしょうか？　それは、設計から施工までを行い、家づくりをトータルで手がける後者のタイプです。そういう工務店なら、資金計画から家づくりのコストのことまで何でも相談にのってもらえるからです。

また、そういう自社施工をする工務店のなかでもお勧めできるのは、専属の大工を抱えている会社です。どこの地域でも腕のいい職人の数は限られていますから、専属の大工がいる会社は、いい大工を抱えているということなのです。

逆に、少しでも安い職人を探し、ころころ職人を変えているような工務店は、たとえ家の価格が安くてもお勧めできません。そういう会社の現場にいい職人は集まりませんし、職人もそういう会社の現場ではいい仕事はできないものだからです。

③一業種ごとに職人が定まっていること

家をつくる職人といえば、一般の方は「大工さん」をすぐに思い浮かべると思います。でも、大工さんだけでは家をつくることはできません。

では、一棟の家が完成するまでに、何業種の職人が必要だと思いますか?

「大工さんに、左官屋さんに、屋根の職人さんに……10業種くらいでしょうか?」

そんな答えが一般的ではないかと予想しますが、答えは約25業種です。

一般の方でもすぐに思い浮かぶ大工や左官などのほか、足場仮設工事、クレーン、防水、給排水設備、電気設備、塗装、板金、外壁、アルミサッシ・ガラス、内装、外構、畳、防蟻、美装、建築確認……と、一棟の家をつくるだけでも本当に様々なジャンルの職人が必要なのです。

この約25業種の一つ一つの業種に対し、それぞれ定まった職人がいる工務店は、いい工務店です。職人が業種ごとに定まっているということは、完成した家に何かクレームがあったときには、誰の責任かが明確になっているということです。クレームを喜ぶ職人は当然いませんから、誰もがあとでクレームがこないように一生懸命仕事をするのです。

約25業種の職人のうち、一人でもいい加減な仕事をしたら、いい家はできません。一人一人の職人が責任を持って一生懸命仕事をするためには、「一業種一業者」の体制になっていることが大切なのです。

実際、住宅業界で30年近く仕事をしてきたなか、私はさまざまな住宅会社を見てきましたが、本当にお客様のことを思っている会社は、どこも例外なく一業種一業者の体制でした。ですからその経験上、一業種一業者の体制になっていることが、いい工務店の条件の一つだと確信を持って言えます。

以上3点については、工務店に家づくりの相談に行った際に、担当者にそれとなく質問して、確認してみるようにしてください。自分たちの家づくりに自信のある工務店なら、ちゃんと正面から質問に答えてくれるはずです。

◎ライフプランを踏まえた家づくりをしてくれる会社かどうかの見分け方

以上、ここまで挙げたようなポイントをチェックすれば、予算内で自分たちの価値観を形にしてくれる住宅会社を見つけることができるでしょう。

でも、真のパートナーになりうる住宅会社を見つけるにはもう1点、大切なチェックポイントがあります。

それは何だと思いますか？

最後のチェックポイントは、家づくりだけでなく、人生も楽しめるような資金計画のサポートをしてくれる住宅会社かどうか、ということです。

本書で最初から述べてきたように、家は人生にとって大切なものですが、かといって、家は人生のすべてではありません。どんなに立派な家を建てても、そこに家族の幸せな暮らしがなければ、家は単なる「箱」になってしまいます。

つまり、あなたが家づくりでパートナーにすべきなのは、あなたの家族のライフプランを踏まえた上で、資金計画からきちんとアドバイスしてくれる住宅会社なのです。

では、あなたが家づくりを頼もうと検討している住宅会社が、そういう会社かどうかを見極めるには、何を基準に判断すればいいのでしょうか？

ポイントをいくつかご紹介しましょう。

①最初に資金計画から始める

まず、あなたのライフプランも踏まえた家づくりをしてくれる住宅会社なら、あなたが家づくりの相談に行った際には、家の理想や希望を詳しく聞く前に必ず、予算の相談にのってくれます。

家づくりの相談をするために訪ねた住宅会社で、いきなりお金の話をされたら気持ちが引いてしまう方もいるかもしれません。

でも、施主さんが本当に幸せになるための家づくりをしたいと考えている住宅会社なら、お客様に逃げられるリスクを冒してでも、最初にしっかり予算の話をするのです。あなたが家を建てたあと、いつまでも安心して暮らしていけるようにするためには、家にどれだけの予算を使えるかを最初に把握しておく必要があるからです。

そのような考えで家づくりをしている住宅会社なら、資金計画の相談もかなり綿密にやってくれます。具体的な目安としては、ファイナンシャルプランナーも交えて資金計画の相談にのってくれるような会社は安心です。そういう会社なら、人生のなかでいつ、どれくらいのお金が必要かを踏まえ、家づくりの詳細な資金計画を立ててくれるでしょう。

そしてここで、住宅ローンはどんな金融機関で、どんなローンを借りるかが大切だということを説明した第2章の話を思い出してください。あなたのライフプランを踏まえた家づくりをしてくれる住宅会社なら、住宅ローン選びについてもしっかりアドバイスしてくれるでしょう。普段集めている情報のなかから、あなたにとって一番お得なローンを紹介してくれるはずです。

逆にここで注意しなければならないのは、提携ローンを勧めてくる住宅会社です。

提携ローンとは、住宅会社と金融機関が提携して売り出している住宅ローンです。借入れの審査に通りやすいなどのメリットはありますが、金利の面からお得かというと決してそんなことはありません。つまり、提携ローンを勧めてくる会社というのは、あなたの資金計画について、そんなに真剣に考えてくれていない可能性があります。

とくに家づくりの相談をするなか、「予算がもう少しあるといいんだけど……」という話になったとき、「提携ローンなら何とかなりますよ」と提携ローンを勧めてくる会社は注意してください。あなたが幸せになるための家づくりをしてくれる住宅会社ではなく、「少しでも高い家を売りつけよう」と考えている住宅会社である可能性があります。

②ＯＢ施主の話が聞ける

そして、この会社に家づくりを頼みたいと本気で思える住宅会社を見つけたら、最後の確認として、その住宅会社で実際に家を建てた人に会わせてもらい、話を聞かせてもらうのがお勧めです。

ＯＢ施主は基本的に、よほどの不満がない限り、自分が家を建てた会社に不利なことは言わないものです。それは、「自分が住んでいる家は、いい家だと思いたい」「自分の家を建ててくれた住宅会社の悪口は言いにくい」という思いがあるからです。

それでも、

「工事中のスケジュールは予定どおりでしたか？」

「何か困ったことはありませんでしたか？」

などと聞けば、いろいろ親身になって教えてくれる方が多いものです。ＯＢ施主が家でどういう暮らしをしているかを見せてもらうことができれば、自分たちが家を建てたあとの暮らしもより鮮明にイメージできるでしょう。それは、現場見学会などでも得られない情報です。

◎住宅会社に「お任せ」にせず、一緒に理想の家をつくり上げましょう

以上のようなポイントに注目して検討していけば、あなたの家づくりの「真のパートナー」になりうる住宅会社は見つかるはずです。

ただし、真のパートナーになりうる住宅会社を見つけても、家づくりは決して「お任せ」にはしないことが大切です。先にも触れたように、家とは、住む人と住宅会社が一緒につくり上げていくものです。「いい家」をつくるためには、あなたも積極的に家づくりに関与していきましょう。

まず、設計段階では、住宅会社の担当者に対し、どんな建物で、どんな暮らしがしたいかということを間取りだけでなく、外観の好みまで、はっきりと文字や略図、写真などで伝えましょう。その結果、住宅会社から具体的な設計の提案をされたら、その設計の特徴や長所短所がわかるまで、しっかり説明してもらってください。

契約段階でも、疑問や不安は残さないように、どんな些細なことでもわかるまでしっかり尋ねましょう。そして、着工してから変更や追加の工事が極力発生しないように細部まで契約内容を詰めていきましょう。着工してから変更や追加の工事をすると、コスト的にも高くなってしまいますから注意してください。

そして、できれば着工したあとも、どんどん工事中の現場に足を運びましょう。この際、こまめに現場の写真を撮っておくのがお勧めです。何か問題があれば、あとで証拠になるからです。ちゃんとした住宅会社なら、施主が現場で写真を撮るくらいのことで気を悪くはしませんので、遠慮しないようにしてください。

むしろ工事中、何か疑問点があれば、その都度、住宅会社の担当者に確認することが大切です。「あとで大丈夫だろう」と思っていたら、工事が進むなかであなたが気になった部分は隠れてしまい、確認できなくなってしまうことがあります。

何より、一生に一度の家づくりを楽しむためにも、自分たちの念願のマイホームが完成していく様子を、現場に通いしっかり見届けてください。やることが多くて大変かもしれませんが、思い描いた理想の家が完成したときの喜びははかり知れません。

その日がくるまで、家づくりを心ゆくまで楽しんでください。

おわりに

家づくりは山あり谷あり、マイペースで楽しみましょう

この本をいま読まれている方はどなたも、現実的に家づくりを考え、その情報収集のためにこの本を手にとってくださったはずです。

家づくりの希望に燃えていたはずが、この本を読み、

「家をつくるには、考えなければいけないことが多いんだなあ……」

と、逆に気持ちが滅入ったりしていないでしょうか？

でも、それぐらいでいいんです。家づくりのワクワク感は、家づくりが進むにつれ、どんどん湧いてきます。それよりも、まずは最初の段階で〝不安〟を徹底的に打ち消しておくこ

と。これがもっとも大事なのです。

「家を建てよう」と決意したときから、ほとんどの方は気持ちがはやるものです。住宅会社に相談にいけば、

「家を建てるなら、金利が安いこの時期を逃す手はないですよ」

「いまなら、住宅ローン控除の額も大きいですよ」

と急かされるようなことを言われることもあるでしょう。

でも、そういうことは気にせず、家づくりのプランニングはマイペースで進めるようにしてください。あなたが家を建て、本当に幸せになるような家づくりをしてくれる住宅会社なら、決して無理な売り込みをしないはずです。

家というのは、一生に一度の大きな買い物です。そんな大切な買い物をするのに、焦って1ヶ月や2ヶ月で結論を出す必要はありません。

「本当に家を建てたほうがいいのか」
「家を建てるならどこに建てるか」
「いつまでに建てるか」
「どれくらいの予算で建てるか」
「どこの住宅会社に頼むか」
……

そういう大切なことは最低でも6ヶ月くらいの期間をかけ、じっくり決めるようにしてください。

そういう決断をするには、場合によっては1年や2年、3年かけてもいいとさえ、私は思っています。仮にその間に住宅ローンの金利が上がったとしても、その間にいろいろな業者のいろいろな現場を見て、いろいろな人の話を聞けば、家づくりに関するあなたの考えはより洗練されていくでしょう。長い目でみれば、そのほうが得かもしれません。

とくに土地の購入から考えている方の場合、納得できる土地が見つかるまでには長い時間を要する場合があります。でも、その間に自分たちがどんな家を望んでいるか、自分たちが家を建てたあとでどんな人生を送りたいかなどをじっくり考えられるのも悪いことではありません。

あなたの家族の家です。決して他人任せにしない。それが本書でもっともお伝えしたかったことの一つです。なにも建築の専門知識を身につけてくださいと言っているのではありません。家づくりで後悔してほしくない、そして家づくりを楽しんでもらいたい。そのために最低限知っておいてほしいことだけを本書には書きました。

せっかく一生に一度の家づくりです。滅多にない機会をしっかり楽しんで、家づくりをしたこと自体を家族のいい思い出にしてください。

「家づくりを楽しみ、人生を楽しむ」

家づくりで成功するためには、そのような気持ちで臨むことが何より大切です。決して家に人生のすべてを費やすことなく、念願のマイホームを手に入れた上で人生を楽しむことをめざしてください。

縁があって、この本を手にとってくださった方がそんな家づくりを実現できることを祈っています。

2011年5月吉日

株式会社フィックスホーム
代表取締役　厨子　浩二

厨子 浩二（ずし こうじ）

株式会社フィックスホーム 代表取締役

一級建築士
宅地建物取引主任者

●1963（昭和38）年、滋賀県生まれ。
●地元の高校を卒業後、親の紹介で分譲住宅の会社に入社するも、厳しい社長の指導に耐えかねて3年で退職。NECへ入社し半導体ICの製造に5年半ほど従事する。しかし、最初に従事した家づくりの現場のおもしろさに心引かれ、建築会社に入社。その後、別の建設会社に移るも、やがて独立を考えるようになる。
●1998（平成10）年、フィックスホームを立ち上げ、下請け工務店として年間70棟ほどを手がける。しかし、実際に自分が手がけた家の表札がいつの間にか変わっている現実を見て住宅会社のありかたに疑問を持ち、一念発起、注文住宅の受注をはじめる。資金計画、ライフプランを最優先に、家族が幸せになる家づくりを信条とし、適正な予算の中での100%の家づくりを目指している。

信条は「ご縁があって知り合ったお客様がどこで家を建てられるにせよ、家族で一生幸せに暮らしてほしい」。
工務店の社長ではなく、家づくりにおける「プロのアドバイザー」でいつづけたいとの思いで家づくりに邁進している。

株式会社フィックスホーム
http://www.fixhome.jp/

わかりやすい 後悔しない家づくり

発　行　2011年5月31日　初版第一刷
2018年5月31日　初版第二刷
著　者　厨子《ずし》 浩二《こうじ》
発行者　網倉　博
発行所　株式会社 エル書房
〒107-0051 東京都港区元赤坂1-2-17　AKASAKA K-Tower　27F
編集部＆営業部　（TEL）03-6804-3228
発売元　株式会社 星雲社
〒112-0012 東京都文京区大塚3丁目21-10
電話 03-3947-1021　FAX03-3947-1617

Printed in JAPAN　ISBN978-4-434-15565-9